Ronja von Wurmb-Seibel

ZUSAMMEN

RONJA
VON WURMB-SEIBEL

ZU SAM MEN

Warum wir für ein gutes Leben
Verbündete brauchen –
und wie wir sie finden

KÖSEL

MIX
Papier | Fördert gute Waldnutzung
FSC® C083411

Penguin Random House Verlagsgruppe FSC® N001967

Redaktion: Julia Sterthoff, Kathrin Sabeth Ohl, Hamburg
Umschlaggestaltung: zero-media.net, München
Umschlagmotiv: © FinePic®, München
Satz: Satzwerk Huber, Germering
Druck und Bindung: CPI books GmbH, Leck
Printed in Germany
ISBN 978-3-466-37326-0

www.koesel.de

INHALT

FÜR Y

May you never walk alone.

Perhaps we don't know ourselves unless we know others.

REBECCA SOLNIT

EINS8

ZUSAMMEN! NUR EINE UTOPIE?

Die Einladung kam überraschend. Irgendwann letzten Winter rief eine Bekannte aus unserem Dorf an und fragte, ob wir Lust hätten, an einem besonderen Abendessen teilzunehmen: Ein Sechs-Gänge-Menü, zubereitet von einem jungen Koch, der einige Zeit in einem Sterne-Restaurant in Kolumbien gearbeitet hatte. Er war seit ein paar Wochen zu Besuch bei unserer Bekannten und half auf ihrem Hof aus. Zusammen mit seiner Partnerin würde er alles frisch zubereiten, das Essen wäre vegetarisch-mexikanisch. Als Gäste wären ausschließlich Personen eingeladen, die sich jeweils noch nie zuvor begegnet waren, darunter mein Partner Nik und ich.

In unserem Dorf leben 470 Menschen. Es gibt kein Wirtshaus, kein Restaurant, keine Bar, kein Café. (Nur eine Bäckerei mit Tante-Emma-Laden, aber das ist eine andere Geschichte. Ich erzähle sie später im Buch.) Von dort, wo wir leben, bis zum nächsten Restaurant sind es mehrere Kilometer. Im näheren Umkreis gibt es Indisch, Bayerisch und Pizza. Sonst nichts. Nik und ich lieben Essen – wir mussten also nicht lange überlegen, als unsere Bekannte anrief, und sagten zu.

Ein paar Tage später machten wir uns auf den Weg. Obwohl der Abend gerade erst begonnen hatte, war es draußen längst dunkel. Februar, die Zeit der langen Nächte. Unsere Bekannte wohnt am anderen Ende des Dorfes. Wir waren zuvor erst zwei Mal bei ihr gewesen. Es lag nicht daran, dass wir uns nicht sympathisch waren. Irgendwie war nur immer viel los gewesen, seit Nik und ich vor zweieinhalb Jahren aus Hamburg hierher gezogen waren.

Unterwegs durch die Dunkelheit bemerkten wir eine gewisse Aufregung. Wir freuten uns nicht nur auf das Essen, wir waren auch gespannt auf die anderen Menschen. Und so ganz verstanden hatten wir immer noch nicht, was es mit dem Abend eigentlich auf sich hatte.

Das Erste, was wir vom Haus unserer Bekannten sahen, war die hell erleuchtete Küche, die mit dem Esszimmer verbunden ist. Noch von draußen beobachteten wir durchs Fenster mehrere Personen geschäftig hin und her laufen, Geschirr verteilen, Töpfe öffnen, dann wieder schließen. Die Scheiben waren vom Dampf angelaufen. Wir klingelten, begrüßten unsere Gastgeberin und wollten direkt in die Küche. Der Geruch, der zu uns in den Flur drang, war einfach zu gut. »Halt«, sagte sie, »da geht es heute nicht lang. Wir essen woanders.« Dann lotste sie uns und die übrigen Gäste – insgesamt waren wir zehn Personen – in einen anderen Teil des Hauses, eine alte Scheune, die zu einem riesigen Loft im Industriestil ausgebaut war und normalerweise als Meditations- und Yoga-Raum diente.

Wo sonst Matten und Sitzkissen lagen, stand heute eine lange Tafel, festlich gedeckt und mit Menükarten bestückt. Darauf standen Gerichte wie »Gebratenes Gemüse auf Romesco-Sauce, Perl-Tapioka-Cracker und schwarzer Olivenasche«. Oder »Kokos-Kürbiseis mit Sonnenblumenkernpraline und Minze«. Unsere Gastgeberin erzählte, dass der Koch in letzter Minute ein paar der Gänge noch einmal ausgetauscht hatte, weil er mit der Kombination nicht zufrieden war. Mehr als eine Woche lang habe er sich vorbereitet. Begonnen habe er damit, die einzelnen Zutaten und Gänge auf Papier zu zeichnen. (Als wir den Koch später kurz kennenlernten, sahen wir, dass er sogar Zeichnungen von Essen auf seinem Körper tätowiert hatte.) Das eigentliche Kochen habe dann etwa drei Tage lang gedauert.

Schließlich erklärte unsere Gastgeberin noch einige Regeln für unseren Abend: Keine Handys am Tisch. Alle sollten gemeinsam *ein* Gespräch führen – und nicht wie sonst oft mehrere einzelne nebeneinanderher. Und es gab ein fixes Thema, um das sich unsere Unterhaltung drehen sollte: »Eine bessere Zukunft!«, sagte unsere Gastgeberin. »Egal, was ihr euch darunter vorstellt oder was es für euch bedeutet.« Dann kam auch schon der erste Gang: »Süßkartoffel-Cracker an Kaffee mit Orange und Süßkartoffelasche«.

Die nächsten fünf Stunden verbrachten wir damit, das Essen zu bewundern, die Art, wie es präsentiert wurde, zu bestaunen – mal auf bei Flohmärkten zusammengesammelten Vintage-Bilderrahmen, die mit Moos ausgelegt waren, mal auf schwarz verkohlten (noch warmen!) Stücken Brennholz – und »hmm« und »ohhh« und »wow« zu sagen, weil es uns mehrfach so vorkam, als hätten wir diesen einen konkreten Geschmack noch nie zuvor in unserem Leben gekostet. Ehrlich, das Essen war fantastisch!

Das wirklich Besondere an dem Abend, das, was mir bis heute in Erinnerung geblieben ist, war aber etwas anderes: unser Gespräch. Nach einer kurzen Vorstellungsrunde hatten wir begonnen, eine nach dem anderen, Ideen, Fragen oder Wünsche zu erzählen, die wir jeweils mit einer besseren Zukunft verbanden. Schnell wurde klar, dass unsere Biografien, unsere Berufe, unser Alter und sogar unsere politischen Ansichten sich im Grunde fast nirgendwo trafen. Dennoch führte unser Gespräch ziemlich geradlinig und ohne Umwege zu einer gemeinsamen Frage. Wie kann es gelingen, mehr Community aufzubauen, mehr Gemeinschaft zu erleben, mehr Zusammenhalt? Trotz aller Unterschiede war das die eine Sache, die uns alle beschäftigte, wenn wir in Richtung Zukunft dachten.

Das Gespräch war nicht sehr theoretisch. Wir suchten – und fanden – konkrete Ideen. Jemand redete davon, wie sehr Essen verbinden kann, jemand anders erzählte von der Erfahrung, dass um Hilfe zu bitten, und sei es bei Kleinigkeiten, ein guter Weg sei, um erste Kontakte aufzubauen – egal ob zu Nachbar*innen oder Kolleg*innen. Jemand anders wiederum stellte fest, dass sie Lust hätte, in einem Café zu arbeiten, weil auch das ein Ort sei, an dem Leute zusammenkommen und sich verbunden fühlen. Ein paar Sätze später waren wir gemeinsam bei der Idee eines Sonntags-Cafés gelandet, in dem jede Woche eine andere Person aus einem jeweiligen Dorf oder Stadtteil freiwillig kocht. Auf diese Weise würden, so war unser Gedanke, nicht nur immer unterschiedliche Gerichte auf den Tischen landen, sondern auch unterschiedliche Menschen an ihnen Platz nehmen.

So ging es den ganzen Abend. Wir waren uns nicht immer einig. Ich glaube nicht einmal, dass wir uns gegenseitig ausschließlich sympathisch fanden. Ich habe in der Zeit, die seit diesem Abend vergangen ist, außer der Gastgeberin keine der Personen wiedergesehen, und ich glaube nicht, dass jemand von ihnen unsere gemeinsame Idee vom Sonntags-Café umgesetzt hat.

Trotzdem ist bei mir an diesem Winterabend etwas entstanden, das bleibt. Die Frage, wie es sein kann, dass wir alle an diesem Abend auf Gemeinschaft und Zusammenhalt kamen, als wir anfingen, darüber nachzudenken, wie wir uns eine schönere Zukunft vorstellen.

Konnte es vielleicht sein, dass die Eingeladenen aus einem unwahrscheinlichen Zufall heraus überdurchschnittlich sozial vereinsamt waren? Ich glaube nicht. Alle, die an dem Abend mit am Tisch saßen, gingen einem geschäftigen Leben nach, pflegten Freundschaften, hatten Berufe, die sie, zumindest halbwegs, mit Sinn erfüllten.

Woran also lag es?

~

Wir alle leben heutzutage in einer Welt, die verbundener ist als je zuvor. Dennoch fühlen sich viele Menschen im Alltag einsam und sehnen sich nach neuen oder tieferen Verbindungen zu anderen Menschen. Bereits vor Beginn der Pandemie beschrieben etwa 14 Prozent der Menschen in Deutschland, dass sie sich einsam fühlten. Im Jahr 2021 verdreifachte sich dieser Wert. Fast die Hälfte aller Menschen, die in Deutschland leben, waren damals also von Einsamkeit betroffen.

Und auch nach der Pandemie hat sich das leider nicht grundlegend geändert. Laut dem Deutschland-Barometer Depression, einer jährlich durchgeführten repräsentativen Befragung, fühlte sich 2023 noch jeder vierte Mensch in Deutschland einsam. Oft sei das Gefühl sogar unabhängig von der Zahl der tatsächlichen Sozialkontakte. 86 Prozent der Befragten glaubten, dass sich heute mehr Menschen einsam fühlen als noch vor zehn Jahren.[1]

Bei der Telefonseelsorge, die jährlich mehr als 1 Million Anrufe erhält, stand das Thema Einsamkeit 2023 an erster Stelle.[2] Und die Stiftung Patientenschutz nennt Einsamkeit sogar »die größte Volkskrankheit in Deutschland«.[3]

»Wir alle wurden in unterschiedliche Communitys hineingeboren und sind in unterschiedlichen Communitys aufgewachsen«, schreibt die Autorin Radha Agrawal.

> *Wir sind Rudeltiere, und wir können nur in solchen Gemeinschaften voll aufblühen, denen wir uns wirklich zugehörig fühlen. Trotz dieses Bedürfnisses und unserer Sehnsucht nach authentischer Gemeinschaft, erfahren viele von uns sie heutzutage nicht mehr in ihrem Leben.*[4]

Fragen wir einmal uns selbst: Wie ist es in unserem eigenen Leben? Wie viele Leute haben wir in unserem Umfeld, die wir regelmäßig sehen – abgesehen von unseren Arbeitskolleg*innen? In der Schulzeit war es noch ganz normal, jeden Tag stundenlang zusammen abzuhängen. Viele von uns haben diese Routine im Erwachsenenleben verloren. Wir verabreden uns manchmal Wochen im Voraus, wir planen, wir erwarten. Wir bauen Slots in unseren Alltag, in denen Freundschaften stattfinden. Aber wirklicher Teil des Alltags sind sie nur selten.

In den USA sagt jeder vierte Mensch von sich, dass er oder sie keine Person habe, der sie sich anvertrauen könne. Vor dreißig Jahren war diese Zahl nur ein Drittel so hoch. »Wir feiern unverwüstlichen Individualismus, Wettbewerb, Unabhängigkeit und gegen den Strom schwimmen schon so lange«, schreibt Radha Agrawal, »dass wir vergessen haben, wie wichtig ein kollektives ›Wir‹ ist – und wie gut es sich anfühlt.«[5]

Wozu das führt, erklärt die Sozialforscherin Brené Brown:

»Dass wir untrennbar miteinander verbunden sind, wird im Moment von uns weder anerkannt noch gefeiert. Vielmehr sind wir in fast allen Lebensbereichen von anderen getrennt.«[6] Brown erforscht seit Jahren, unter welchen Umständen Menschen sich zugehörig fühlen. Immer wieder hätten Teilnehmende ihrer Studien die Sorge geäußert, dass das Einzige, was die Gesellschaft verbinde, geteilte Angst und Verachtung sei und nicht Menschlichkeit, Respekt, Vertrauen oder Liebe, so Brown.[7]

Vivek H. Murthy, der oberste Leiter der US-amerikanischen Gesundheitsbehörde, geht sogar so weit, Einsamkeit als eines der größten gesundheitlichen Probleme unserer Zeit zu betrachten. Und als »beinahe universal-menschlichen Zustand«. Er beschreibt Einsamkeit wie einen Reflex, der uns zeigt, dass unser Bedürfnis nach menschlicher Verbindung nicht in dem Maße erfüllt wird, wie wir es brauchen: »Genau wie Hunger und Durst die Art unseres Körpers ist, uns zu sagen, dass wir essen und trinken müssen, ist Einsamkeit ein natürliches Signal, das uns daran erinnert, dass wir uns mit anderen Menschen verbünden müssen.«

Viele Menschen versuchen laut Murphy jedoch, dieses Gefühl zu unterdrücken, was sicher auch damit zu tun hat, dass Einsamkeit mit Scham behaftet ist. Den meisten fällt es schon schwer, überhaupt davon zu erzählen – geschweige denn, sich Hilfe zu holen, um etwas an ihrer Situation zu verändern.

Und das ist fatal.

Forschende der Universität Harvard untersuchen seit mehr als 80 Jahren, welche Faktoren dazu beitragen, wie alt wir werden. Die Studie begann im Jahre 1938 und läuft immer noch, es ist die weltweit längste und tiefgreifendste Studie überhaupt. Und sie zeigt seit Jahrzehnten ein eindeutiges Ergebnis: körperliche Gesundheit, finanzielle Sicherheit, soziale Schicht, Bildungsgrad, Gene, Status – alles schön und gut. Was wirklich zählt und vorauszusagen hilft, wie alt wir werden, ist allein die Qualität unserer sozialen Beziehungen.

»Einsamkeit tötet«, sagte Robert Waldinger, der Direktor der Studie. »Sie wirkt sich genauso heftig aus wie Rauchen oder Alkoholismus.«[8]

Inzwischen ist auch in anderen Studien breit erforscht: Menschen, die sich einsam fühlen, haben eine höheres Risiko, an Bluthochdruck zu erkranken, an Depressionen, Angststörungen, Lungenkrankheiten, Stoffwechselstörungen, Gefäßleiden. Sie schlafen schlechter, fühlen körperlichen Schmerz stärker und begehen häufiger Suizid.

Im Gegensatz dazu machen uns erfüllte und verlässliche Beziehungen gesünder und in Krisen belastbarer. Je stärker wir mit anderen Leuten verbunden sind, desto wahrscheinlicher ist es, dass wir an Krisen und traumatischen Erfahrungen wachsen, anstatt an ihnen zu zerbrechen oder vor Angst zu verzweifeln. *Traumatic growth*, also traumabedingtes Wachstum, nennen Wissenschaftler dieses Phänomen.

Wenn Menschen das Gefühl haben, dazuzugehören, leben sie nicht nur länger, sondern auch erfüllter, glücklicher und stabiler. In soziale Bindungen zu investieren – zum Beispiel in Form von Zeit oder Geduld – ist also das Beste, was wir für unsere Gesundheit tun können. Es ist die Vorsorge Nummer eins. »Freunde zu haben, einer Gruppe anzugehören, steigert die Überlebenswahrscheinlichkeit«, schreiben die Forschenden der Harvard-Studie.[9] »Schlägt das Schicksal zu – und das tut es früher oder später –, sind es häufig unsere Freunde, die uns zur Seite stehen, die uns in stürmischen Zeiten helfen.«[10]

Seit es uns Menschen gibt, sichert uns das Prinzip von Gemeinschaft und Zusammenhalt, wortwörtlich das Überleben. Wir Menschen brauchen Menschen.

»Unsere Instinkte für Gemeinschaft sind nach wie vor intakt und am Leben«, schreibt Murthy.

»Wenn wir eine gemeinsame Sache verfolgen, wenn wir eine gewisse Dringlichkeit verspüren, wenn wir bei einer Angelegenheit um Hilfe gebeten werden, bei der wir tatsächlich helfen können, werden die meisten von uns über sich hinauswachsen und zusammenhalten.«[11]

Schon zum Zeitpunkt unserer Geburt sind wir mit gewissen Fähigkeiten ausgestattet, die uns soziales Handeln ermöglichen. Bereits als Babys, in den ersten Monaten unseres Lebens gelingt es uns, verlässliche soziale Beziehungen aufzubauen. Wir können Körpersprache deuten, gewisse Handlungsabfolgen vorhersehen, wahrscheinliche Reaktionen abschätzen und sie provozieren. Wir sind fähig zu Mitgefühl und Humor und verspüren bereits in unserem zweiten Lebensjahr einen nicht von außen beigebrachten Drang, anderen Menschen zu helfen, wenn sie Unterstützung brauchen. Unser Bedürfnis nach sozialen Beziehungen und Zusammenhalt prägt unser Leben von Anfang an.

Was also macht es mit uns, wenn dieses Bedürfnis nicht ausreichend erfüllt wird? Von den gesundheitlichen Folgen haben wir schon gesprochen. Aber es gibt auch gesellschaftliche.

~

Hannah Arendt beschrieb in ihrem Buch *Elemente und Ursprünge totaler Herrschaft* Einsamkeit, Isolation und das Fehlen tragfähiger Beziehungen als entscheidende Wegbereiter des Nationalsozialismus in Deutschland. Auch aktuelle Studien zeigen, dass Einsamkeit dazu führt, dass Menschen sich weniger stark gesellschaftlich engagieren und weniger am politischen Prozess teilnehmen.

»Einsamkeitsbelastungen [schädigen] das stabile Funktionieren einer der wichtigsten Säulen der liberalen Demokratie in Deutschland«, heißt es in diesem Zusammenhang in einer Studie aus dem Jahr 2023. Die Prävention und Linderung von Einsamkeit sollten daher auch als Demokratieförderung verstanden werden, weil sie das demokratische System stabilisieren, so die Forschenden.[12]

»Viele der Themen, die wir heute auf den Titelblättern unserer Zeitungen sehen, verschlimmern sich durch fehlenden Zusammenhalt«, schreibt Vivek H. Murthy. In manchen Fällen sei unsere Nicht-Verbundenheit sogar Ursache des Problems. Klimakrise, Rassismus, Armut, Krieg: »Viele dieser Herausforderungen sind die Folge von individueller und kollektiver Einsamkeit, die zu lange in zu vielen Menschen gebrodelt hat.«

Wundert es da immer noch, dass wir bei unserem Sechs-Gänge-Gespräch über Zukunft bei dem Wunsch nach mehr Zusammenhalt gelandet sind? Ein bisschen vielleicht, weil wir zu diesem Zeitpunkt weder Fakten noch Studien kannten. Aber das Signal, das Einsamkeit sein kann – das haben wir alle an diesem Abend wohl gespürt.

Und das war erst der Anfang.

Die gute Nachricht ist: Wir können daran arbeiten, uns weniger einsam zu fühlen. Die Zukunft, wie wir sie uns wünschen, kann dabei unser Kompass werden. Ob wir sie jemals erreichen werden, eines fernen Tages? Wer weiß? Ich glaube, die Antwort ist gar nicht so wichtig. Wenn wir unsere Visionen vor Augen haben, liegt die Zukunft immer auch ein bisschen in der Gegenwart.

In meinem letzten Buch *Wie wir die Welt sehen* bin ich der Frage gefolgt, was negative Nachrichten mit unserem Denken machen, was uns dabei helfen kann, einen anderen Umgang mit unseren Problemen zu trainieren, und wie wir schließlich einen neuen Blick auf unsere Welt gewinnen können. Die Formel *Scheiße plus X* war dabei ganz entscheidend. Sie meint: Egal, mit welchem Problem wir in unserem Leben konfrontiert sind, wir können immer nach dem suchen, was ich »X« nenne – einem ersten Schritt, der das Problem ein bisschen besser macht, manchmal auch nur: ein bisschen weniger schlimm. Es geht nicht darum, eine endgültige Lösung für das jeweilige Problem zu finden, in vielen Fällen ist das auf Anhieb gar nicht möglich.

Entscheidend ist vielmehr, dass wir losgehen, dass wir uns auf den Weg machen und uns daran erinnern, dass wir nicht hilflos und ohnmächtig sind, sondern konkrete Dinge tun können, um unsere jeweilige Situation – oder ein bestimmtes Problem – zu verbessern.

In diesem Buch will ich meine Formel auf das anwenden, was ich momentan für eines der größten Grundprobleme unserer Gesellschaft halte: den Mangel an Verbundenheit. Ich will Antworten suchen auf die Frage, was uns dabei hilft, verlässliche Verbündete zu finden: Menschen, mit denen wir uns tatsächlich verbunden fühlen. Was uns hilft, nicht gegen das Gefühl von Einsamkeit anzukämpfen – sei es gesellschaftlich oder individuell –, sondern ihm tatsächlich etwas entgegenzusetzen.

Mir ist klar, dass ein einzelnes Buch ein so gravierendes Problem wie Einsamkeit und ihre gesellschaftlichen Auswirkungen nicht lösen kann; genauso wenig wie mein letztes Buch die ganze Medienlandschaft in Deutschland aufwirbeln und umkrempeln konnte. Aber vielleicht kann es Anstöße geben und hier und da Veränderungen in Gang bringen.

Bei meinem letzten Buch wurden diese Veränderungen nicht nur in medialen Debatten deutlich, die nach der Veröffentlichung folgten. Die Veränderungen, die mich am meisten bewegt haben, waren kleiner: Einzelne Journalist*innen, die mir schrieben, dass sie jetzt anders berichteten und immer auf der Suche nach dem X seien, eine Leserin, die mir schrieb, dass ihr das Buch dabei geholfen habe, während der Krebsbehandlung ihrer kleinen Tochter nicht den Mut zu verlieren. Und eine andere Leserin, die mir erzählte, sie suche seit der Lektüre meines Buches nun jeden Tag nach Highlights – kleinen Xen in ihrem eigenen Leben.

In der Tradition der Aktionskünstlerin Jenny Odell und mit einem kleinen Augenzwinkern verstehe ich dieses Buch deshalb als aktivistisches Buch, verkleidet im Mantel eines Selbsthilfe-Ratgebers. Denn davon bin ich, egal bei welchem Thema, überzeugt: Wenn wir unsere Gesellschaft verändern wollen, müssen wir bei uns – den kleinsten Bausteinen dieser Gesellschaft – anfangen.

Dieses Buch ist daher sowohl gedacht für Menschen, in deren Leben Gemeinschaft und Community bereits einen großen Platz haben, als auch für diejenigen, die bislang nur den Wunsch danach verspüren, aber noch nicht wissen, wo sie beginnen sollen. Es ist gedacht für Menschen, die an politischen Tatsachen verzweifeln und Angst haben, und für diejenigen, die hoffnungsvoll und zuversichtlich in die Zukunft schauen.

Auf unserer Suche werden wir Menschen treffen, die die Frage, was wir gegen Einsamkeit tun können, für sich schon beantwortet haben. Wir werden an Orte reisen, an denen die Utopie unseres Abendessens längst Wirklichkeit geworden ist. Und wir werden dahin schauen, wo jede Veränderung beginnt: auf uns selbst, in den Spiegel, in unser eigenes Leben.

Was können wir tun, um uns nicht nur verbündeter zu fühlen, sondern es tatsächlich zu sein? Wie finden wir Communitys, Freundeskreise, Ersatzfamilien, in denen wir uns sicher und zu Hause fühlen? Wie erschaffen wir verlässliche, stabile Beziehungen – jenseits von romantischen – auch noch im Erwachsenenalter? Wie schaffen wir es, trotz Alltagsstress, geografischen Entfernungen und kapitalistischen Zwängen, in unserem Leben Zeit freizuschaufeln für andere Menschen? Und was können wir selbst tun, um dem kollektiven Gefühl von Entfremdung etwas entgegenzusetzen?

Viele der Herausforderungen, mit denen wir heutzutage konfrontiert sind, werden sich schwer lösen lassen, wenn wir uns nicht darum bemühen, entlang der Risse in unserer Gesellschaft zusammenzuwachsen. Wenn wir nicht versuchen, Gemeinschaft und Zusammenhalt zu fördern, wo immer wir es können. Eine Demokratie ist umso stabiler, je stabiler die Mini-Demokratien in ihr sind: Familien, Communitys, Unternehmen, Schulen, Glaubensgemeinschaften, Vereine.

Es gibt eine Menge Orte, an denen wir loslegen können – und zwar: Gemeinsam! Mir hilft der Gedanke, dass ich Tag für Tag, in kleinen Schritten, beeinflussen kann, wie die Zukunft aussieht, in der wir einmal leben werden. Und mir hilft zu wissen, dass ich damit nicht allein bin. Wenn wir uns zusammentun, verändern wir mehr als unser eigenes Leben. Die Zukunft beginnt mit dir. Mit mir. Mit uns.

~

Mai 2022. Einer der ersten warmen Sommertage im Jahr. Die Sonne ist noch nicht untergegangen, aber die Hitze des Tages lässt langsam nach. Zu der kurzen Hose, die ich tagsüber getragen habe, ziehe ich mir einen Pullover über, dann setze ich mich zu den anderen ans Lagerfeuer. Wir sind in unserem Garten – seit fast zwei Jahren leben mein Partner und ich nun schon auf dem Land. Wir mieten ein mehr als 300 Jahre altes, gründlich renoviertes und denkmalgeschütztes Bauernhaus. Als wir es das erste Mal gesehen haben, waren wir eigentlich auf der Suche nach einer Zweizimmerwohnung. Wir lebten in Hamburg, und unser erwachsener Pflegesohn war gerade ausgezogen. Da weder mein Partner noch ich viel Platz benötigen, erschien es uns logisch, uns räumlich zu verkleinern. Doch dann standen wir im Garten unseres jetzigen Hauses – es war Frühling, und ein Dutzend Rosensorten blühten gleichzeitig – und wussten, dass wir einziehen würden. Der Garten war einfach zu schön.

Unser einziges »Problem« damals: Was machen wir mit dem vielen Platz? Wirklich WG-geeignet war das Haus nicht. Nach einigem Hin-und-her-Überlegen beschlossen wir, ein Gästehaus für Künstler*innen und Menschen, die eine kreative Pause brauchen, ins Leben zu rufen. Alle Zimmer, die wir selbst nicht benötigten, richteten wir als Gästezimmer ein – und dann ging es los. Mal lebte eine Regisseurin mit uns, mal eine Autorin, ein Fotograf, eine Künstlerin, eine Illustratorin, ein Schreiner. Ab und zu auch Freiwillige, die für Kost und Logis bei der Gartenarbeit halfen. Wirklich kommerziell war das Ganze nicht. Es ging uns mehr um die gute Gesellschaft und um Inspiration.

Wir waren zuerst nicht ganz sicher, wie wir den Umzug aufs Land in dieser Hinsicht überstehen würden, schließlich hatten wir mehr als zehn Jahre lang nur in Großstädten gelebt. Würde es uns zu einsam werden? Zum Glück trafen unsere Befürchtungen nicht zu. Als etwas unerwartete Dreingabe bekamen wir zu unserem neuen Community-Hausleben noch fantastisches Essen mit dazu: Die meisten unserer Mitbewohner*innen auf Zeit kochten irgendwann – bis heute haben wir ein Rezeptebuch statt eines Gästebuchs –, und so kamen wir im Laufe der Zeit in den Genuss von ziemlich vielfältigem, sehr gutem Essen.

An jenem Frühsommerabend mit Lagerfeuer waren gerade zwei gute Freunde zu Besuch: ein ehemaliger Lehrer aus New York, der momentan als Bäcker arbeitete, und ein Künstler aus Andalusien. Zum Essen gab es Popcorn, frisch von überm Feuer, leicht geräuchert. Auf den obersten Holzscheiten stand eine alte Pfanne, darin Maiskörner, die in einer großen Portion Butter brutzelten. Es dauerte nur wenige Sekunden, dann hatte sich die obere Hälfte Maiskörner in leckerstes Popcorn verwandelt. Die untere Hälfte war jedoch komplett verbrannt, die Hitze war zu groß gewesen. Wir verbuchten das Experiment trotzdem als geglückt, nahmen uns vor, den Abstand zum Feuer beim nächsten Mal zu perfektionieren, und baten unseren Freund Stewart, den Bäcker, das Rezept samt Verbesserungsvorschlag in unser Gästebuch zu schreiben.

Nach dem Essen schauten wir eine Weile ins Feuer, dann holte Stewart ohne große Ankündigung ein Buch hervor und begann daraus vorzulesen: Winnie Puuh. Als wir die Geschichte das letzte Mal zusammen gehört haben, hatte uns Caroline daraus vorgelesen, die Mutter von Gaby, unseres Gastes aus Andalusien. Wir anderen drei waren seit Langem eng befreundet gewesen mit Caroline. Über die Jahre war sie für uns alle zu einer Art Kompass geworden dafür, wie es vielleicht gehen kann, das gute Leben. Im Sommer zuvor, wenige Wochen nachdem Caroline uns aus Winnie Puuh vorgelesen hatte, war sie an Krebs gestorben.

Als klar gewesen war, dass Caroline nicht mehr lange leben würde, hatte sie uns zu einer Abschiedsfeier eingeladen. Menschen aus aller Welt, darunter Stewart, der Bäcker aus New York, und wir, kamen in das kleine Dorf in Spanien, in dem Caroline seit mehr als 30 Jahren lebte, um sich von ihr zu verabschieden. Drei Mal am Tag hatten wir zum Essen zusammengesessen, nach dem Abendessen draußen auf der Terrasse hatten wir uns oft bis spät nach Mitternacht verquatscht, unter Lichterketten, umgeben von zirpenden Grillen. Caroline war fast immer bis zum Schluss mit dabei – so ruhig und ausgeglichen, dass es uns angesichts ihrer niederschmetternden Situation fast ungeheuerlich erschien.

Während dieser Zeit hatte ich Stewart und Gaby kennengelernt. Seither einen uns Erinnerungen – und eine Freundschaft, die es ohne Carolines Abschiedsparty so nicht gegeben hätte. Ich weiß nicht, woran die anderen dachten, als Stewart nun aus Winnie Puuh vorlas. Meine Gedanken wanderten zurück nach Spanien, zu diesen außergewöhnlichen Wochen, und schließlich zu einem der letzten Gespräche, das ich mit Caroline geführt habe. Damals hatte ich mich bei ihr dafür bedankt, dass sie uns alle noch einmal zusammengebracht hatte, und für das Gefühl von Verbundenheit, das dabei entstanden war. »Für euch«, hatte sie damals gesagt, »war das nur das erste von vielen Treffen. Merk dir, was dir hier gefallen hat, und bau dir dein Leben. Oder besser gesagt: Bau es dir um.«

Ein gutes Jahr später sitzen wir vier zusammen am Lagerfeuer. Und für einen kurzen Moment fühlt es sich so an, als könnte man ihn doch ein wenig austricksen, den Tod.

Was ich damals, im Mai 2022, nicht wusste: Tiefgründige Beziehungen sind mit das beste Mittel, um Trauer zu verarbeiten. Um an Erfahrungen des Verlusts nicht zu zerbrechen, sondern entlang der Spuren, die sie hinterlassen, zu wachsen.

~

Dezember 2022. Ein gutes Dutzend Leute sitzen bei uns auf dem Sofa, auf Stühlen, auf Bettdecken und Kissen, die quer über den Boden verteilt sind. Die meisten von ihnen kenne ich seit meiner Kindheit, ein paar seit meiner Jugend, ein paar so lange, wie ich auf der Welt bin. Mit einigen war ich in der Schule, andere sind im gleichen Ort aufgewachsen. Früher haben wir fast jeden Nachmittag zusammen verbracht. Gemeinsam erlebten wir, wie sich die erste Liebe anfühlt, der erste Rausch, der erste große Krach mit den Eltern. Wir teilten alles, was uns damals wichtig erschien, und kannten uns in- und auswendig. An den wenigen Tagen im Jahr, an denen wir uns nicht zu Gesicht bekamen, schrieben wir uns lange Briefe oder telefonierten stundenlang. Aus Sommerurlauben schickten wir uns Postkarten, in denen wir beschworen, wie sehr wir uns vermissten und uns auf unser Wiedersehen freuten. Wenn ich an meine Jugend denke, denke ich an diese Menschen.

Jetzt sind wir alle in ganz Deutschland verstreut. Mit manchen von ihnen spreche ich fast jede Woche, manche von ihnen sehe ich nur einmal im Jahr, zum sogenannten Weihnachtskino – eine Tradition, die wir seit mehr als 20 Jahren pflegen. Angefangen hatte es im Teenageralter: Jeden 23. Dezember trafen wir uns abends in München, aus dem einfachen Grund, weil wir an diesem Tag sowieso alle in der Stadt waren, um schnell noch Last-minute-Weihnachtsgeschenke einzukaufen. Der Ablauf unserer Treffen war strikt: Erst tranken wir Glühwein auf einem der vielen Weihnachtsmärkte, dann gingen wir ins Kino. So läuft es bis heute. Sogar als ich nach dem Abitur eine Zeit lang auf Reisen und an Weihnachten mit zwei Freundinnen aus dieser Clique in Australien war, saß ich am 23. Dezember im Kino.

In diesem Jahr ist das Kino bei uns zu Hause, und mehr als die Hälfte der Anwesenden hat ein Kind auf dem Arm. Statt großer Leinwand gibt es einen Beamer, und wir schauen einen Kinderfilm. Ich bin eine der wenigen, die kein kleines Kind hat – und die Einzige, die den Film noch nicht gesehen hat. Schon nach ein paar Minuten merke ich, dass ich kein Fan der Geschichte bin, aber das ist ohnehin nicht das Wichtige. Das Wichtige ist, dass wir zusammenkommen, verlässlich, Jahr für Jahr, egal was in den 365 Tagen davor passiert ist, ob sie gut oder schlecht, überwältigend aufregend oder erschlagend monoton waren. Zum Reden, zu echten Gesprächen kommen wir an diesen Abenden kaum, aber allein uns zu sehen und zu wissen, dass wir uns im darauffolgenden Jahr wiedersehen werden und wieder und wieder, fühlt sich gut an und gibt Halt.

Als ich mit einem der Freunde später bei einem Spaziergang über unsere frühere Clique spreche, sagt er: »Das ist eben wie Familie: Wir werden einander nicht mehr los.« Eine andere Freundin beschreibt es ein paar Tage später so: »Wenn wir uns einmal im Jahr updaten darüber, was in der Zwischenzeit passiert ist, hilft mir das, mich daran zu erinnern, dass alles, was sich gerade dringend und schwierig anfühlt, bei den Gesprächen im nächsten Weihnachtskino schon wieder veraltet sein wird.«

Unsere Tradition war mir immer wichtig. Wieder und wieder habe ich mich darum bemüht, dass sie stattfindet, und es gab mehrere Jahre, in denen unser Kino das war, worauf ich mich an Weihnachten mit Abstand am meisten gefreut habe. Seit es sie gibt, erinnert mich unsere Tradition daran, wie gut es mir tut, diese Uraltfreundschaften und die Menschen, mit denen sie mich verbinden, in meinem Leben zu haben.

Was ich die ganze Zeit über nicht gewusst habe: Freundschaften zu pflegen, kann sowohl die Dauer als auch die Auswirkungen von Stress deutlich reduzieren.

~

Mai 2023. Mein Vater und mein Partner stehen im Auslauf unseres Hühnerstalls. Neben ihnen eine Art Schrank, aus alten Fenstern neu zusammengebaut. Um den Schrank ist ein rotes Band gebunden, mein Vater hält eine Schere in der Hand: Wir weihen unser neues Gewächshaus ein. Die beiden haben es in den letzten Wochen gebaut. Was wir gerade feiern, ist nicht nur, dass aus einem Haufen alter Bretter, Balken und Fensterscheiben ein Ort entstanden ist, an dem ab sofort Tomaten, Gurken, Kürbisse, Kornblumen, Sonnenblumen und Salat in Ruhe anwachsen können – diesen Frühling hatten sich Wühlmäuse in unserem Garten breitgemacht und alles, was wir gepflanzt hatten, schon nach den ersten Zentimetern Wachstum als köstliche Nahrung für sich entdeckt. Nein, wir feiern mehr mit unserer kleinen Zeremonie.

Vier Wochen zuvor hatte mein Vater aus dem Nichts einen Schlaganfall. Er hatte einige Tage auf der Intensivstation verbracht, und als er entlassen wurde, zog er bei uns ein – vorübergehend, so lange, bis ein Platz in der Reha frei wurde. Wir verbrachten die Tage mit Spaziergängen, erst vorsichtigen, einige Hundert Meter langen, dann wagemutigen wanderungsähnlichen, und unterwegs feierten wir jeden noch so kleinen Fortschritt. Wir spielten Kniffel, um die Feinmotorik zu verbessern und um uns abzulenken von allzu ernsten Gedanken. Wir gingen früh ins Bett und standen früh wieder auf – »mit den Hühnern«, wie mein Vater sagte.

Schon nach ein paar Tagen merkten mein Partner und ich: Das Gesundheitsprogramm für meinen Vater tat auch uns gut. Wir fühlten uns ausgeschlafener und fitter, wir genossen die Gesellschaft und merkten, wie schön es ist, mit jemandem zusammenzuleben, der sich nicht in der gleichen Lebensphase befindet wie wir.

Das alles feiern wir in dem Moment, in dem mein Vater das rote Band durchschneidet, die beiden sich wie bei einer feierlichen Eröffnung die Hände schütteln und ich das Ganze fotografiere. Natürlich übertreiben wir es maßlos mit unserem Spektakel, aber das Leben fühlt sich einfach zu herrlich an in diesem Moment.

Ein paar Tage später, an dem Morgen, an dem mein Vater zur Reha abgeholt wird und bei uns auszieht, pflanzen wir einen Rotdorn neben das Gewächshaus, einen der Lieblingsbäume meines Vaters. Der Baum und das Gewächshaus werden uns von nun an immer an unsere gemeinsame Zeit im Frühling erinnern.

Was ich damals, im Mai 2023, nicht wusste: Gemeinschaft zu erleben und zu pflegen, uns verbunden zu fühlen, stärkt unsere

Gesundheit und erhöht unsere Lebenserwartung. Es reduziert sogar unseren körperlichen Schmerz.

~

Natürlich besteht nicht mein ganzes Leben aus Momenten der Verbundenheit, vielleicht sind sie sogar eher die Ausnahme. Und dennoch prägen sie die letzten Jahre und meine Erinnerungen an diese Zeit ganz wesentlich. In Situationen, in denen es mir weniger gut geht, in denen ich mich verloren oder einsam fühle, in denen ich nicht weiß, wie ich weitermachen soll, sind es oft diese Momente, die mir einfallen, die mir Mut machen, mir als Kompass dienen und mich daran erinnern, dass ich nicht allein bin.

Und noch etwas sind diese Momente: winzige Augenblicke einer Utopie; der Beweis, dass es möglich ist, in Verbundenheit zu leben; der Beweis, dass es unser Leben unmittelbar bereichert, uns stärker macht, die schönen Momente schöner und die schwierigen Momente zumindest irgendwie aushaltbar. Ich finde sie nicht nur in meinem eigenen Leben. Wenn ich genau hinschaue, begegnen sie mir überall:

In der Ortschaft, in der ich aufgewachsen bin, stehen auf dem Marktplatz zwei Stühle. Sie gehören zu einer Art Zuhör-Dienst. Er wurde während der Pandemie ins Leben gerufen, und neben einer Telefonleitung bietet er Woche für Woche Platz für Menschen, die sich einsam fühlen oder kurz mal jemandem zum Reden brauchen.

Als ich bei einer Lesung in Heidenheim bin, erzählt Bibliothekarin Margit Gerstmayr von einem Gaming-Raum, den sie vor ein paar Jahren nach dem Umbau der Bibliothek gestartet hatten. Anfangs habe niemand so wirklich etwas damit anzufangen gewusst. Nach und nach und mit etwas Zeit hätten sich aber die richtigen

Leute zusammengefunden. Inzwischen kämen Großeltern und Eltern, um von ihren Kindern spielen zu lernen, Jugendliche gestalten im Architekturspiel *Minecraft* die Stadt so, wie sie es sich vorstellen. Der einst unbenutzte Gaming-Raum sei zu einem Ort geworden, an dem nicht nur verschiedene Generationen zusammenkommen, sondern auch Bürger*innen und Politik. »Meine Erfahrung ist«, sagt die Bibliotheksleiterin, »wenn wir erst einmal anfangen und losgehen, kommen mit der Zeit schon die richtigen Leute zusammen.«

Bei einer anderen Lesung erzählt mir der Gastgeber von einem Kurs zur Klimakrise, der im Wesentlichen darin bestanden habe, dass sich Menschen einmal im Monat trafen, um gemeinsam zu überlegen, wie sie ihr Leben nachhaltiger gestalten können. Dann nahmen sie sich gemeinsam Ziele vor, die sie bis zum nächsten Monat erfüllen wollten. Die Tatsache, dass sie zusammen versuchten, diese Ziele zu erreichen, sei der entscheidende Punkt für den Erfolg gewesen.

Bei den Dreharbeiten zu unserem jüngsten Dokumentarfilm landete ich irgendwann im Erlanger Lesecafé – ein Ort, an dem nicht nur klimafreundliches, veganes Bio-Essen verkauft wird, sondern der verschiedenen Vereinen, Initiativen und Einzelpersonen Platz bietet für Veranstaltungen und um sich zu vernetzen. »Es geht mir eigentlich vor allem darum, Leute zusammenzubringen«, sagt die Mitgründerin Claudia Schorcht. »Der Rest entsteht dann ganz von allein.«

Was hat es auf sich mit diesen Orten des Zusammenseins, mit den Momenten der Verbundenheit? Können sie mehr werden als schnell vergängliche Augenblicke einer Utopie? Und falls ja: Was müssen wir dafür tun?

- Nehmen Sie sich einen Moment Zeit, um über Ihr eigenes Leben nachzudenken: Wann in den letzten Monaten oder den letzten Jahren haben Sie Momente von Gemeinschaft und Zusammenhalt erlebt? Was haben diese Momente mit Ihnen gemacht? Wenn Sie mögen, schreiben Sie sich Ihre Gedanken in Stichpunkten auf.

- In welchen Bereichen und Situationen in Ihrem Leben wünschen Sie sich mehr Gemeinschaft? Warum? Überlegen Sie so konkret wie möglich: Was fehlt Ihnen? Was wünschen Sie sich? Beschränken Sie sich nicht selbst - träumen in großen Dimensionen ist ausdrücklich erlaubt! Auch hier können Sie, wenn Sie mögen, Ihre Gedanken auf Papier festhalten.

- Gehen Sie jetzt noch einmal gedanklich zu Ihrer Liste zum ersten Experiment zurück: In welchem Setting sind Ihre Momente des Zusammenhalts jeweils entstanden? Erkennen Sie Gemeinsamkeiten? Lassen sich manche der Situationen vielleicht so oder ähnlich wiederholen? Falls ja: Wie? Schreiben Sie die Ideen, die Ihnen einfallen, auf. So können Sie darauf zurückgreifen, wenn Sie später mit dem Experimentieren in Ihrem Umfeld loslegen.

We belong
to each other.
We are each
other's relations.

MICHELLE CASSANDRA JOHNSON

ZWEI:
WARUM WIR VERBÜNDETE BRAUCHEN – UND EINSAMKEIT KAPUTT MACHT

Von dem Moment an, in dem wir geboren werden, sind wir auf unsere Mitmenschen angewiesen. Als hilflose Wesen in der Welt angekommen, brauchen wir andere, die uns ernähren, die uns wärmen und die uns vor Gefahren schützen – das war vor 300 000 Jahren nicht anders als heute. »Mensch zu sein bedeutet, zugehörig zu sein«, schreibt die Community-Aktivistin und Unternehmerin Radha Agrawal: »Wir wurden buchstäblich in Gemeinschaft geboren, verbunden mit einer anderen Person.«[13]

Auch wenn sich die Art der Gefahren genau wie die Mittel, uns zu wärmen und zu ernähren, sowie unser ganzes Leben überhaupt natürlich drastisch verändert haben, an der Tatsache, dass wir alleine nicht überleben können, hat sich nichts geändert. Dementsprechend beherrscht unser Körper von Anfang an spezielle Fähigkeiten, die wir benötigen, um Beziehungen zu anderen Menschen herzustellen – Schutzmechanismen, die unser Überleben sichern.[14]

Noch bevor wir auf die Welt kommen, entwickeln wir einen Sinn für Berührung. »Haut an Haut, Eltern mit dem Kind – Berührung ist die entscheidende Sprache unseres sozialen Lebens«,[15] schreibt Dacher Keltner, Professor für Psychologie an der University of California, Berkeley. Schon wenige Tage nach der Geburt lächelt ein Baby zum ersten Mal. Bewusst steuern kann es das sogenannte Engelslächeln nicht, vielmehr ist das Lächeln ein Muskelreflex, der einsetzt, wenn das Baby schläft oder gerade gefüttert worden ist. Seine Wirkung entfaltet es trotzdem. Forschende vermuten, dass es dazu dient, bei den jeweiligen Bezugspersonen den Beschützerinstinkt zu wecken und damit die Bindung zwischen ihnen und dem Kind von Anfang an zu festigen.

Schon wenige Wochen später lächelt das Baby tatsächlich, in emotionalen sozialen Kontexten zum Beispiel, wenn es vertraute Personen sieht oder deren Stimmen hört. Lange bevor Babys sprechen können, reagieren sie auf Stimmen und führen »Gespräche«, um mit anderen in Kontakt zu kommen. »Die kleine Freude, die es uns bereitet, wenn ein Baby über etwas Albernes, das wir machen, lacht«, schreiben die Forschenden aus Harvard, »ist biologisch mit der Freude verknüpft, die unsere fernen Vorfahren empfunden haben, als sie schon vor 100 000 Jahren ein Baby zum Lachen brachten.«[16]

Wenn wir auf die Welt kommen, können wir noch nicht trennscharf unterscheiden zwischen unseren eigenen Gefühlen und den Gefühlen anderer: Sind mehrere Babys im Raum und eines von ihnen weint, stehen die Chancen gut, dass auch die anderen beginnen zu weinen – aus dem einfachen Grund, dass sie denken, sie selbst seien diejenigen, die gerade traurig sind. Erst sechs bis neun Monate nach unserer Geburt begreifen wir Menschen überhaupt, dass wir ein einzelnes Wesen sind und nicht dauerhaft mit anderen verknüpft.[17] Mit etwa 14 Monaten empfinden wir das Bedürfnis, anderen zu helfen.[18] Mit etwa drei Jahren merken – und protestieren – wir, wenn jemand ungerecht behandelt wird.[19]

»Der universelle Hunger nach Verbundenheit und Zugehörigkeit erklärt einen Großteil des menschlichen Verhaltens von Geburt an bis zum Tod«, schreibt die kanadische Psychologin Susan Pinker. »Unser blankes Überleben hängt davon ab.«[20]

Wie sehr uns soziale Kontakte in den ersten Monaten nach der Geburt prägen, zeigt ein Experiment mit Ratten aus dem Jahr 2009. Ein Team von Wissenschaftler*innen aus Psychologie und Krebsforschung untersuchte damals, was sich verändert, wenn sie Laborratten nach der Geburt isolieren, anstatt – wie es für Ratten üblich ist – sie in Gruppen aufwachsen zu lassen. Das Ergebnis? Die sozial isolierten Ratten entwickelten 48-mal so viele Brustkrebstumore wie die nicht isolierten Tiere. Unter den isolierten Tieren war jede zweite Ratte von bösartigem Brustkrebs betroffen, unter den nicht isolierten waren es 15 Prozent.

In einem anderen Experiment fanden die Forschenden heraus, dass weibliche Ratten, die nach der Geburt für drei Monate isoliert wurden, deutlich schlechter auf Stress – im Experiment in Form von Fuchsurin – reagierten als solche, die in Gruppen aufwachsen. Sie stießen zehnmal so viele Stresshormone aus, erkundeten ihre Umgebung weniger, und sogar ihre Gene veränderten sich. Auch die nachfolgenden Generationen waren von den drei Monaten Isolation ihrer Mütter noch betroffen. In der Forschung gelten Ratten, die nicht nur physiologische, sondern auch genetische Ähnlichkeiten mit uns haben, als einer der geeignetsten Modellorganismen für den Menschen.[21] Forschende gehen deshalb davon aus, dass wir diese Ergebnisse auch auf uns Menschen übertragen können: das Ausmaß, in dem wir in unseren ersten Lebensmonaten sozial verbunden sind, ist mitentscheidend dafür, wie belastungsfähig wir im Verlauf unseres Lebens in Momenten sind, in denen wir Stress ausgesetzt sind.

Zahlreiche Studien haben gezeigt, dass kleine Kinder Körperkontakt brauchen, um sich voll zu entwickeln. Berührungen stärken nicht nur Bindung und Wohlbefinden, sie stärken auch jene Gehirnregionen eines Kindes, die ausschlaggebend für dessen soziale Eigenschaften sind.[22] Forschende der Universität Cambridge fanden außerdem heraus, dass häufiger Augenkontakt mit der Bezugsperson die soziale Lernfähigkeit von Kindern deutlich verbessert. »Es gibt demnach nichts Wichtigeres, als körperlich und emotional anwesend zu sein und eine echte Verbindung zu seinem Kind herzustellen«, folgern die Forschenden aus ihren Ergebnissen.[23]

~

Aber auch als Erwachsene sind wir auf andere Menschen angewiesen. »Im Grunde genommen kann man ganz allein kein Mensch werden«, schreibt der norwegische Philosoph Lars Svendsen. »Es ist die Bindung an andere und die Erfahrungen, die man mit ihnen macht, die einen überhaupt erst menschlich machen.«[24] In einer Welt zu leben, in der unsere Existenz, die Frage, ob es uns gibt oder nicht gibt, völlig irrelevant für alle anderen ist – so Svendsen –, wäre unerträglich.[25]

Noch dazu können wir alleine nicht ausreichend für uns sorgen. Durchschnittlich 80 Prozent der Zeit, die wir wach sind, verbringen wir mit anderen.[26] Wir brauchen andere: in Momenten, in denen es uns schlecht geht, um uns an einer Schulter anzulehnen; in Momenten, in denen es uns gut geht, um unsere Freude teilen zu können. Und manchmal auch einfach nur, um sperrige Möbel von A nach B zu transportieren. Spätestens wenn wir einen Ikea-Schrank aufbauen wollen, kommen wir alleine an unsere Grenzen. (Tatsächlich ist in der Montageanleitung einiger Möbelstücke ein einzelner Strichmensch als »falsch« durchgestrichen, daneben sind zwei Strichmännchen zusammen als »richtig« dargestellt.)

Lange bevor wir uns damit beschäftigt haben, wie wir einen Pax-Schrank aufbauen, sodass er am Ende steht, hat Kooperation – und die Tatsache, dass wir uns zu Gemeinschaften zusammengeschlossen haben – uns in der Geschichte der Menschheit das Überleben gesichert.[27] »Letztlich steht der Mensch an der Spitze der Nahrungskette, nicht weil er der Stärkste oder der Schnellste ist«, schreibt die Community-Expertin Radha Agrawal, »Bären und Geparden sind viel stärker und schneller. Wir stehen an der Spitze der Nahrungskette, weil wir am besten zusammenarbeiten können, sei es durch Geschichtenerzählen, das Teilen von Fähigkeiten oder den Aufbau von Gemeinschaften.«[28]

Unsere Körper wissen das noch heute – und reagieren entsprechend. Unterhalten wir uns mit einer anderen Person, synchronisieren sich unsere Gehirnwellen mit denen unseres Gegenübers. Je besser der Austausch, desto ähnlicher werden die Aktivitäten in unseren Gehirnen.[29]

Wenn wir uns mit anderen treffen – im echten Leben, nicht digital –, stärkt das außerdem auch unser Immunsystem, wie Susan Pinker in ihrem Buch *The Village Effect* beschreibt. Laut Pinker führt sozialer Kontakt dazu, dass unser Körper mehr körpereigene Opiate ausstoßen, die wie örtliche Schmerzmittel funktionieren, und weniger Stresshormone wie Adrenalin, Noradrenalin und Corticosteroide.[30] In einer Studie der University of Chicago fanden Forschende zudem heraus, dass bei Menschen mit einem aktiven Sozialleben nach einer Erkrankung zerstörtes Gewebe schneller heilt als bei einsamen Menschen.[31]

Der norwegische Professor für Psychologie Leif Edward Ottesen Kennair geht sogar so weit, unsere Haut als soziales Organ zu beschreiben: die darin befindlichen Nerven reagieren auf Berührung – solange wir uns sicher dabei fühlen – positiv. Unser Körper stößt Dopamin und Serotonin aus, Hormone, die Stress und Angst regulieren, und das sogenannte »Kuschelhormon« Oxytocin, das nicht nur Bindung und Nähe fördert, sondern auch Schmerzen und Entzündungen hemmt. Wenn wir berührt werden, fühlen wir uns sicherer, weniger gestresst und mehr verbunden mit anderen, so Kennair.[32] Das sei einer der Gründe, warum die mit der Covid-Pandemie verbundenen Einschränkungen für viele so belastend gewesen seien.

Als ich das Interview mit Kennair lese, denke ich zurück an einen Traum, von dem eine Freundin mir in den ersten Tagen der Pandemie geschrieben hatte: Sie saß auf einem Thron. Vor ihr standen Menschen Schlange, kamen nacheinander zu ihr und umarmten sie. Trotz des eher bizarren Settings beschrieb die Freundin den Traum als angenehm. Als hätte sie etwas bekommen, das ihr tagsüber fehlte.

Was außer bizarren Träumen passiert noch, wenn wir uns einsam fühlen? Chronische Einsamkeit verändert unsere Gene. »So unglaublich es klingt, sich isoliert zu fühlen, hinterlässt eine Art ›Einsamkeitsfingerabdruck‹ auf jeder Zelle«[33], schreibt Pinker. Dieser Fingerabdruck verändere unsere sonst üblichen Körperreaktionen dahingehend, dass manche Zellen mit Entzündungen reagierten, andere hingegen die Immunabwehr reduzierten.

Unser Gehirn weiß um die besondere Bedeutung und den Effekt, den sozialer Kontakt für uns hat. »Ebenso wie unser Gehirn auf das Vorhandensein von Nahrung in unserem Magen mit Belohnung in Form von Freudegefühlen reagiert«, schreiben die Forschenden um Robert Waldinger und Marc Schulz, »reagiert es so auch auf den positiven Kontakt mit anderen. Es sagt uns quasi: Ja, mehr davon bitte. Positive Interaktion sagt unserem Körper, dass wir sicher sind.«[34]

Wir brauchen andere Menschen also nicht nur, damit wir uns gut fühlen, um uns von Langeweile abzuhalten oder eben: ein Ikea-Regal aufzubauen. Wir brauchen andere Menschen zum Überleben – und damit wir *gut* leben können.

Entsprechend signalisieren negative Interaktionen mit anderen oder das völlige Fehlen von Kontakt zu unseren Mitmenschen unserem Körper, dass wir in Gefahr sind. Unser Gehirn reagiert auf soziale Ausgrenzung oder das Gefühl, isoliert zu sein, mit einer Art Überlebensmodus. Plötzlich zählt nicht mehr, wie sich die Menschen um uns herum fühlen. Stattdessen ist nur noch wichtig, dass wir uns selbst schützen – wir versuchen den Mangel an Sicherheit, die wir sonst durch Gemeinschaft erhalten, auszugleichen. Das geht, natürlich, völlig nach hinten los. Je weniger Mitgefühl wir mit anderen haben, je stärker wir uns selbst verteidigen, umso weniger angenehm empfinden andere Menschen unsere Gegenwart und umso einsamer werden wir.[35]

Dieser Spirale können wir nur entkommen, indem wir unserem Reflex widerstehen. Wir müssen aktiv die Gesellschaft anderer suchen und uns ihnen gegenüber öffnen, besonders in Momenten, in denen wir uns fühlen, als sei das das Letzte, was uns jetzt helfen könnte. »Um Einsamkeit zu bekämpfen«, schreibt Brené Brown, »müssen wir sie zuallererst wahrnehmen lernen und den Mut aufbringen, unser Gefühl als Alarmsignal zu erkennen. Wir sollten dann auf dieses Alarmsignal reagieren, indem wir uns auf die Suche nach menschlichen Kontakten machen.«[36]

Eines meiner Lieblingssprichwörter, die ich in meiner Zeit in Afghanistan gelernt habe, lautet: *Amraie yak dest tschak tschak kadan na mesha.* Mit einer Hand kann man nicht klatschen.

~

Ich selbst erlebe Einsamkeit in ihrer lähmenden Form vor allem in Zeiten, in denen ich viel arbeite. Nicht so sehr beim Schreiben selbst. Obwohl ich in diesen Phasen zwangsläufig viel Zeit ohne andere Menschen und nur mit mir selbst verbringe, fühle ich mich, umgeben von den Worten und Ideen anderer, doch fast nie einsam. Schwieriger wird es für mich, wenn ich unterwegs bin für Lesungen, Vorträge, Workshops oder Filmgespräche. Denn dann verbringe ich die meiste Zeit allein – im Zug, bei der An- und Abreise, auf der Bühne, und abends im Hotel –, während ich gleichzeitig jeden Tag von Hunderten Menschen umgeben bin. In Zeiten, in denen ich viele solcher Termine habe, merke ich, wie das Einsamsein an mir zerrt. Wie sich mein Horizont verengt und Dinge, dir mir sonst leicht von der Hand gehen, auf einmal unerreichbar schwer werden.

Irgendwann habe ich deshalb angefangen, meine Auswärtstermine zu reduzieren und mir ganz bewusst Gutes zu tun, wenn ich unterwegs bin: längere Zeit in einem Roman lesen, etwas Gutes essen oder einfach im Zug aus dem Fenster schauen und die vorbeifahrende Landschaft genießen, statt auch diese Zeit noch mit Arbeit zu verbringen. Diese Strategie hat meine Situation damals verbessert, aber wirklich geholfen hat nur eine Maßnahme, die ich aus einer ganz anderen Motivation heraus ergriffen habe.

Als mein Partner und ich drei Monate nach der Geburt unseres Kindes gemeinsam berufliche Auswärtstermine hatten – wir zeigten einen unserer Filme in Polizeiakademien –, begleitete meine Schwester uns für ein paar Tage auf der Reise, um sich um unser Kind zu kümmern, während wir arbeiteten. Statt alleine waren wir nun also zu viert unterwegs. Trotz der kurzen Nächte als stillende Mutter und der Care-Arbeit, die vor und nach unseren Terminen jeweils noch anstand, zerfaserte mich diese Reise deutlich weniger als andere, bei denen ich mich unterwegs zwar nur um mich selbst kümmern musste – aber eben auch: nur für mich selbst war. Es fiel mir leichter, nach der Arbeit abzuschalten und mich auf anderes zu konzentrieren, das Essen schmeckte in Gesellschaft besser als alleine, und das schleichend stärker werdende Gefühl der Einsamkeit, das ich sonst mit meinen Auswärtsterminen verbinde, kam diesmal gar nicht erst auf.

Auf der Rückreise sagte ich halb im Scherz zu den anderen, dass ich Arbeitstermine ab jetzt nur noch als Band zusagen wolle. Ich fühle mich also heimlich ertappt, als ich bei den Recherchen zu diesem Buch den Satz von Radha Agrawal lese: »Viele Leute finden es fast beschämend, dazugehören zu wollen, sie empfinden es als bedürftig. Natürlich ist es bedürftig … es ist ein grundlegendes menschliches Bedürfnis!«[37]

~

Die Sehnsucht nach Zugehörigkeit entdecken wir nicht erst im Erwachsenenalter. »Sobald wir bei vollem Bewusstsein sind, entdecken wir die Einsamkeit«[38], so der Schriftsteller C.S. Lewis. Und der Philosoph Lars Svendsen schreibt, es sei nicht notwendig, das Gefühl von Einsamkeit zu beschreiben: »Sie kennen es aus Ihrer Kindheit, von einem Tag, an dem Sie vollkommen sich selbst überlassen waren und dachten, alle anderen hätten jemanden zum Spielen.«[39]

Die Forscherin Brené Brown ist diesem Gefühl aus der Kindheit nachgegangen und hat Achtklässler*innen befragt, wie sie das Gefühl beschreiben würden, *nicht dazuzugehören.* Jemand antwortete, in der Schule nicht dazuzugehören, sei wirklich hart. Aber es sei nichts im Vergleich dazu, sich der eigenen Familie nicht angehörig zu fühlen. Als Brown nachfragte, was die Schüler*innen mit diesem Gefühl verbanden, gaben sie ihr folgende Antworten:

> *Den Erwartungen deiner Eltern nicht gerecht zu werden. Nicht so cool und beliebt zu sein, wie deine Eltern es gerne hätten. Nicht das Gleiche gut zu können wie deine Eltern in ihrer Schulzeit. Wenn es den Eltern peinlich ist, dass man nicht genug Freunde hat oder kein Sportler oder Cheerleader ist. Wenn die Eltern nicht mögen, wer man ist oder was man machen möchte. Wenn die Eltern sich nicht für dein Leben interessieren.*[40]

Als ich die Antworten der Kinder lese, merke ich, dass es in meinem Herzen sticht – so brutal fühlen sich einige der Situationen an, die sie beschreiben. Gleichzeitig habe ich genug Fantasie (und Lebenserfahrung?), um zu wissen, dass schon wenige unbedachte Sätze ausreichen können, um zumindest phasenweise genau diese Gefühle auszulösen. Möglicherweise ging es Brené Brown ganz ähnlich: In ihrem Buch beschreibt sie, sie sehe es als ihre größte Aufgabe, dafür zu sorgen, dass sich ihre eigenen Kinder ihrem Zuhause zugehörig fühlen.

Wir können also wirklich überall, jeden Tag und jeden Moment dazu beizutragen, dass unsere Welt ein Ort wird, an dem sich weniger Menschen einsam fühlen. An dem wir häufiger merken, dass wir alle miteinander verbunden sind und dass wir uns als diese Verbündete brauchen, um uns – alleine und gemeinsam – ein gutes Leben zurechtzuschustern.

Zu wissen, wie sehr wir uns brauchen, ist das eine. Es auch wirklich in unseren Alltag zu integrieren, ist schon deutlich schwieriger. Wie können wir uns mehr mit anderen verbinden? Indem wir auf unsere Körper hören. Die Art, wie sie auf Verbundenheit beziehungsweise den Mangel an ihr reagieren, kann uns als eine Art Kompass helfen, wenn wir Dinge in unserem Leben umstrukturieren möchten: Stresshormone senden uns Signale, welche Situationen wir meiden sollten, während die richtige Art der Verbundenheit bei uns angenehme Gefühle auslöst.[41] Wir müssen diese Signale nur richtig deuten – allzu häufig bekommen wir sie allerdings gar nicht richtig mit. Sogar dann, wenn unser Bedürfnis nach sozialem Zusammenhalt und Bestätigung unser Handeln eindeutig und nachweislich bestimmt, wissen wir nicht unbedingt davon.

In dem Buch *The Small Big* beschreiben die Autoren Steve J. Martin, Noah J. Goldstein und Robert B. Cialdini einen Versuch, den sie selbst durchgeführt haben: In einer New Yorker U-Bahn-Station beobachteten sie, wie viele der Vorbeilaufenden einem Straßenmusiker Geld spendeten. Nach einiger Zeit veränderten sie das Setting. Jedes Mal, wenn jemand in die Nähe des Straßenmusikers kam, warf eine der Studie angehörige Person ein paar Münzen in den Hut. Die Folge: Die Zahl der Menschen, die Geld spendeten, verachtfachte sich. Als sie befragt wurden, warum sie gespendet hatten, führte niemand von ihnen das eigene Verhalten auf das der anderen Person zurück. Stattdessen erklärten sie, sie hätten das Lied gemocht oder Mitleid mit dem Musikanten gehabt oder seien nun mal eine großzügige Person.[42]

Die Autoren erklären diese Dynamik mit dem Konzept von

sozialer Bestätigung: indem wir anderen darin folgen, was sie tun, erhöhen wir die Chance, von ihnen Anerkennung zu bekommen – und damit, soziale Bindungen mit ihnen einzugehen. In Anbetracht der Tatsache, wie wirkmächtig dieses Prinzip für unser Handeln und unsere Entscheidung ist, sei es überraschend, wie sehr wir Menschen diesen Effekt ignorieren[43], heißt es in *The Small Big*.

Zumal der Effekt nicht nur eintritt, wenn es um die Frage geht, was wir mit unserem Wechselgeld machen. Das Konzept der sozialen Bestätigung beeinflusst uns auch bei deutlich weitreichenderen Entscheidungen in unserem Leben.

Als dieselben Autoren in einer anderen Studie versuchten, herauszufinden, welche Faktoren dazu führen, dass Anwohner*innen einer Nachbarschaft weniger Energie verbrauchen und welche nicht, waren sie selbst überrascht von ihren Ergebnissen. Für die Studie gaben sie den Versuchspersonen verschiedene Gründe zur Auswahl, warum sie Energie sparen sollten: weil es der Umwelt hilft, weil es künftige Generationen schützt, weil es Geld spart oder weil viele der Nachbar*innen bereits Energie sparen.[44] Wenn es Ihnen wie mir – und den meisten Beteiligten der Studie – geht, ist die Einschätzung klar: Die Tatsache, dass unsere Nachbar*innen Energie sparen, halten wir für am wenigsten relevant für die Frage, ob wir selbst unseren Verbrauch senken oder nicht; die Tatsache, dass wir die Umwelt schonen, am bedeutsamsten.

Als die Forschenden einen knappen Monat später den Energieverbrauch der betreffenden Haushalte überprüften, zeigte sich jedoch ein komplett anderes Bild: Obwohl viele der Befragten den Faktor, die Umwelt zu schonen, für am wichtigsten hielten, hatte er nahezu keinen Einfluss darauf, ob jemand tatsächlich Energie gespart hatte oder nicht. Entscheidend dafür, ob jemand

Energie gespart hatte oder nicht, war allein das Verhalten der Nachbar*innen.

~

Auch auf gesellschaftlich-politischer Ebene hat Einsamkeit beziehungsweise unser Bedürfnis, uns mit anderen zu verbinden, Folgen. Im Pilotbericht *Einsamkeitsbarometer* aus dem Jahr 2023 fassen die Autor*innen den aktuellen Stand der Forschung zusammen: Demnach haben Menschen, die sich einsam fühlen, nicht nur weniger Vertrauen in ihre Mitmenschen, sondern auch in politische Institutionen. In der Folge nehmen sie weniger an der Gesellschaft teil als nicht-einsame Menschen – vermutlich, weil sie sich aufgrund ihrer eigenen Einsamkeitserfahrung der Gesellschaft gegenüber weniger verpflichtet fühlen als nicht-einsame Menschen.[45]

> *Der Zuspruch zu unserer Demokratie hat auch damit zu tun, wie stark sich Individuen mit der Gesellschaft verbunden fühlen. Denn bei Menschen, die sich häufig einsam, unverbunden und unverstanden fühlen, ist die Wahrscheinlichkeit höher, dass sie Verschwörungserzählungen glauben, politische Gewalt billigen und autoritären Haltungen zustimmen.*[46]

Schon im Schulalter lässt sich beobachten, dass subjektives Einsamkeitsempfinden zu einem schwächeren Sozialverhalten und aggressivem Handeln führen kann, wie eine andere Studie des Progressiven Zentrums zeigt.[47] Einsame Jugendliche tendieren demnach außerdem häufiger zu antidemokratischen Einstellungen. Radikalisierungsforschende vermuten sogar einen direkten Zusammenhang zwischen Einsamkeit und politischer Radikalisierung, insofern, als Einsamkeit ein Faktor sei, der gewissermaßen »abholbereit für potenziell demokratiegefährdende Gruppen« mache.[48] Gerade rechtsextreme Organisationen wüssten um die Sogkraft sozialer Gruppen – neue Kontakte, gemeinsame Erlebnisse, das Versprechen von Zugehörigkeit – und schafften gezielt Angebote, die einsame Menschen und solche, die sich ausgeschlossen fühlen, ansprechen.[49] Dann folge oft eine fast tragische Dynamik: Wer sich einer rechtsradikalen Gruppe anschließt, verliert andere Kontakte. Menschen wenden sich ab, bis nur noch die rechtsextremen Kontakte übrig sind. Erwachsene mit rechtsextremem Weltbild fühlen sich überdurchschnittlich isoliert und von anderen abgeschnitten.[50]

Das Gegenrezept? »Viele und gute Beziehungen zu anderen Menschen verringern europaweit die Wahrscheinlichkeit, ›rechts‹ zu stehen«[51], folgern die Autor*innen der Studie.

Einsamkeitsprävention und Demokratiebildung bräuchten daher »keine Einzeltherapie, sondern ein solidarisches Miteinander, das Debatten, Unsicherheiten und Ambivalenzen zulässt, den Wert der Demokratie nachvollziehbar begründet und das Spielfeld der liberalen Demokratie klar absteckt und gegen ihre Feind*innen verteidigt«.[52]

Wer sich einsam fühlt und Verbindung zu anderen aufnimmt, hilft also auch, die Demokratie zu stärken. Andersrum können diejenigen, die sich nicht akut einsam fühlen, dazu beitragen, dass unsere Demokratie stabil bleibt, indem sie sich mit anderen vernetzen und in ihren Communities engagieren.

»Die Demokratie zu schützen«, heißt es in einer Studie aus dem Jahr 2023, »bedeutet auch, die gesellschaftlichen Folgen von Einsamkeit stärker zu berücksichtigen.«[53]

Vielleicht geht es Ihnen beim Lesen dieses Buches ähnlich wie mir bei der Recherche: Erst wenn wir wirklich darüber nachdenken, bekommen wir eine Ahnung davon, wie wichtig soziale Kontakte, unser Netzwerk, die Menschen um uns herum tatsächlich sind. Dabei gibt es fast jeden Tag Momente, in denen uns unsere Körper daran erinnern, wie wichtig Verbundenheit für uns ist: Wenn wir zusammen lachen, wenn wir zu Tränen gerührt sind, wenn wir mit einem Lächeln im Gesicht an eine Person denken, die uns wichtig ist, wenn wir jemandem in den Arm fallen, den oder die wir länger nicht mehr gesehen haben, als uns lieb ist.

~

Als ich 2022, zufällig zeitgleich zum Beginn des Angriffs Russlands auf die Ukraine, mein Buch *Wie wir die Welt sehen* veröffentlichte, war ich vollkommen überrascht von einem Aspekt, den ich trotz sorgfältiger Recherchen völlig übersehen hatte. Das Buch handelt davon, was negative Nachrichten mit unserem Denken machen und wie wir uns davon befreien können – vom Einfluss, den Medienkonsum auf unser Denken hat und von übermäßigem Medienkonsum selbst. In den Wochen nach der Veröffentlichung verging fast keine Veranstaltung, bei der sich nicht jemand im Publikum meldete, um zu sagen, dass er oder sie ja eigentlich gern weniger Medien konsumieren wolle – besonders am Wochenende –, dann aber Sorge hätte, am folgenden Montag nicht mitreden zu können bei den Gesprächen im Kolleg*innenkreis und sich deshalb verloren zu fühlen.

Bei einer Diskussion mit dem Vorsitzenden der ARD Kai Gniffke, zu der ich eingeladen war (und die eher in einem Streitgespräch endete), betonte der frühere Chef der *Tagesschau*, er sehe genau darin den Sinn einer Nachrichtensendung: dass Leute mitreden können und nicht so sehr, dass sie umfassend informiert sind.[54]

Obwohl ich mich mehr als zehn Jahre lang mit konstruktivem Journalismus beschäftigt und monatelang recherchiert hatte, war mir diese Dimension des Themas tatsächlich entgangen: Menschen konsumieren wissentlich mehr negative Nachrichten, als ihnen guttut, aus Angst davor, sich ausgeschlossen zu fühlen. Und manche Medienmachende orientieren sich bei der Planung ihrer Formate an genau dieser Angst. Als diese Erkenntnis nach einer Handvoll Veranstaltungen und jeder Menge Zuschriften bei mir einsickerte, begann ich ganz gezielt, bei meinen Lesungen auf den sozialen Druck, den offenbar viele Menschen verspürten, hinzuweisen. Ich empfehle seither, in genau den Gesprächen, in denen wir »nicht mitreden« können, offen anzusprechen, dass und warum wir weniger Nachrichten als bisher konsumieren – und dann zu schauen, wie sich das Gespräch verändert. Vielleicht auch mit dem Gedanken im Hinterkopf, dass in Gesprächen über Nachrichten und Politik häufig genau nicht darüber geredet wird, wie es *uns* geht und was *uns* bewegt. Es sind Gespräche, bei denen wir uns nicht verletzlich zeigen müssen, die also wenig Risiko bergen, im Gegenzug aber oft auch wenig Tiefgang bieten.

Wie es aussehen und wozu es führen kann, wenn wir diese »neue«, verletzliche Art von Gespräch führen, habe ich dann wenig später erlebt, bei einer Lesung im Sommer. Ein Mann Ende 50 meldete sich und sagte, wie gut es ihm tue, einmal zu hören, dass er nicht der Einzige sei, der unter den vielen negativen Nachrichten leide, der überfordert sei und nicht wisse, wie weiter. Er meinte mit seiner Aussage nicht mich und die Ausführungen aus meinem Buch. Er meinte die anderen Menschen im Publikum, die an diesem Abend gesprochen hatten: Eine junge Mutter zum Beispiel, die mit Tränen in den Augen erzählte – fast schon beichtete –, dass sie, seit ihre beiden Kinder auf die Welt gekommen seien, einfach keine Kapazitäten mehr hätte, sich auch noch für den Rest der Welt zu interessieren. Sie fühle sich wahnsinnig schlecht und egoistisch damit. Ich versuchte die Frau mit Worten zu ermutigen und sie daran zu erinnern, dass ihre tägliche Arbeit in diesen letzten Jahren das genaue Gegenteil von egoistisch gewesen sei. Wirklich helfen konnten ihr meine Worte aber nicht – jedenfalls war das mein Eindruck.

Es folgten weitere Fragen, ein paar Wortmeldungen, ich las noch ein Stück, Applaus. Die ganze Zeit über blieb mir die Frau weiter im Kopf. Ich hatte einfach nicht das Gefühl, ihrer Sorge gerecht geworden zu sein. Ich fürchtete, nicht die richtigen Worte gefunden zu haben, sie mehr stillgeredet als beruhigt zu haben. Beim Rausgehen sah ich dann, wie eine ältere Frau, dem Anschein nach über 80, auf die junge Mutter zuging. Den genauen Wortlaut erinnere ich nicht mehr. Aber ich weiß noch, dass ihre Worte mich ins Herz trafen. Sie gingen in etwa so: Ich wollte Ihnen nur sagen, dass das ganz normal so ist. Das war schon bei uns damals so. Die ersten Jahre kommt man einfach zu nix. Das geht vorbei. Sie machen das gut.

Zwei Menschen, die sich nicht kennen, die sich gerade erst über den Weg laufen und trotzdem die richtigen Worte finden, den richtigen Takt, um einander das Gefühl zu geben, nicht allein in dieser mitunter extrem verwirrenden Welt zu sein.

Egal, ob bei Lesungen, Filmgesprächen oder Seminaren: Diese Erfahrung mache ich immer wieder: allein das Zusammenkommen und gemeinsame Reden über eine Sache kann von Menschen als heilend empfunden werden – selbst dann, wenn sie sich bis kurz zuvor noch nie begegnet sind und nicht mal wissen, wie ihr Gegenüber heißt.

~

Bei der Recherche zu diesem Buch lerne ich, dass ich diesen Effekt noch verstärken könnte, wenn ich die Gäste meiner Veranstaltungen auffordern würde, gemeinsam zu singen. Nicht nur, weil Singen zahlreichen Studien zufolge gesund und glücklich macht und wir dabei das »Kuschelhormon« Oxytocin ausstoßen (genau wie wenn wir uns berühren), das uns wiederum dabei hilft, Stress und Ängste zu reduzieren. Noch dazu nähern wir uns einander an und können besser zusammenarbeiten, wenn wir Dinge synchron machen. Wir bewegen uns von einer Ich-Perspektive hin zu einer Wir-Perspektive.[55]

Das gilt nicht nur fürs Singen. Aus der Forschung wissen wir, dass jede Form von synchronem Verhalten oder synchronen Bewegungen uns dabei hilft, zueinanderzufinden. Indem es unsere Großzügigkeit, unser Vertrauen und unsere Toleranz gegenüber anderen stärkt, hilft uns synchrones Verhalten dabei, Verbindungen zueinander aufzubauen – egal, ob wir dabei in einem Ruderboot sitzen, zusammen tanzen, uns bei einem Flashmob beteiligen, gemeinsam Yoga machen, beten oder im Gleichtakt mit unseren Fingern schnipsen oder klatschen.

In Hamburg lockt genau das seit mehr als zehn Jahren regelmäßig Hunderte, manchmal Tausende Menschen an: Unter dem Motto »Hamburg singt« treffen sich Menschen in einer Konzerthalle und singen gemeinsam, ganz egal, wie gut sie es können. Vorkenntnisse sind nicht nötig, die Texte werden an die Wand projiziert, eine Band begleitet das Ganze. Statt um musikalische Perfektion geht es um das Gemeinschaftsgefühl. »Wenn Menschen miteinander gemeinsam singen wie in einem Fußballstadion zum Beispiel auch, und alle singen ungefähr das Gleiche, dann klingt das wundervoll, und dann entsteht Gänsehaut«, erklärt Chorleiter Niels Schröder in einem Fernsehbeitrag seine Motivation hinter der Sache. Eine der Teilnehmenden beschreibt es so: »Zauberhaft ist das; wenn man den Klang hört, ist man gleich im siebten Himmel.« Eine andere sagt: »Wenn man schlechte Laune hat und einmal so einen Abend hat, ist alles vorbei. Es ist nur schön!« Und wiederum ein anderer erklärt das Gefühl so: »Es sind einfach alle gleich, es gibt keinen Unterschied hier.«[56] Vermutlich ist es also kein Zufall, dass alle Religionen eine Form von gemeinsamem Singen als Ritual integriert haben. Der renommierte Trauma-Experte Bessel van der Kolk beschreibt in seinem Buch *Das Trauma in dir*, dass synchronisierte Aktivitäten sogar dabei helfen können, Traumata zu heilen, und zwar effizienter als viele herkömmliche therapeutische Ansätze:

> *Uns […] mit anderen Mitgliedern unserer Spezies in Einklang zu versetzen, ist für uns alle sehr wichtig. Was als Spiel zwischen Mutter und Kind im Zustand des Einklangs beginnt, findet in der Rhythmik eines guten Basketballspiels, der Synchronizität des Tangotanzens und der Harmonie des Choralgesangs oder des Spielens von Jazz oder Kammermusik seine Fortsetzung – dies alles sind Aktivitäten, die ein tiefes Gefühl der Freude und Verbundenheit fördern.*[57]

Van der Kolks Buch wurde mehr als drei Millionen Mal verkauft – seine Erfahrungen und Forschungen haben weltweit verändert, wie Menschen mit Traumata behandelt werden. So sehr, dass das Buch bei einigen den Spitznamen *Trauma-Bibel* trägt. Seine Empfehlung ist eindeutig: Yoga, Singen, Tanzen – egal, was wir mit anderen zusammen tun, es hilft uns dabei, zu heilen. Ein Trauma schränkt unsere Fähigkeit ein, mit anderen zurechtzukommen. Aktivitäten mit anderen sind deshalb laut van der Kolk das perfekte Gegenrezept.[58] Zwar basiert seine Forschung in erster Linie auf der Behandlung von Menschen mit posttraumatischer Belastung, aber seine Tipps helfen auch denjenigen von uns, die mit weniger gravierenden mentalen Verletzungen zu kämpfen haben.

Einige Forschende vermuten, dass unsere Neigung zu synchronem Verhalten evolutionsbiologisch zu erklären ist: Es ermöglicht uns, uns mit einer großen Zahl von Menschen gleichzeitig zu verbinden – eine Tatsache, die früher unsere Überlebenschancen massiv gesteigert hätte. Dieser Impuls geht so weit, dass zwei Personen, die jeweils in Schaukelstühlen sitzen, innerhalb kürzester Zeit beginnen, im Gleichtakt zu wippen, wie mehrere Studien gezeigt haben.[59] Dinge synchron zu machen, kann sogar dabei helfen, Vorurteile abzubauen. Bei einer ungarischen Studie aus dem Jahr 2019 fanden Forschende heraus, dass Menschen weniger Vorurteile gegenüber Minderheiten hatten, wenn sie eine Weile im Gleichschritt mit einer Person aus dieser Gruppe gegangen waren.[60]

Joggen gehen, Singen, Schwimmen. Was für Körper und Geist ohnehin gesund ist, wird noch um ein Vielfaches gesünder, wenn wir es zusammen mit anderen tun. Wir müssen dafür nicht extra in einen Verein eintreten (aber natürlich können wir das!), wir können schon damit anfangen, dass wir gemeinsam spazieren gehen. In einer 2020 veröffentlichten Studie untersuchten Forschende, inwiefern es einen Unterschied macht, ob wir alleine spazieren oder mit anderen zusammen. Das Ergebnis? Wenn wir uns in einer Gruppe auf den Weg machen, verbrennen wir mehr Körperfett, verbessern unsere körperliche Aktivität deutlicher und steigern unser Gefühl von Selbstwirksamkeit mehr, als wenn wir alleine unterwegs sind.[61]

Ein Beispiel dafür, was das konkret heißen kann, finden wir in Großbritannien – beim *Proper Blokes Club*, einem »Club für echte

Kerle«. Angefangen hat es damit, dass Scott Oughton-Johnson im September 2020 ein paar Videos von sich auf sozialen Medien postete, bei denen er in London spazieren ging und von seinem jahrelangen Struggle mit seiner mentalen Gesundheit erzählte. Er fragte, ob sich ihm jemand anschließen wolle. Beim ersten Treffen kam nur eine einzige Person, seither, sagt er, wurden es jede Woche mehr.

Inzwischen treffen sich an drei Standorten regelmäßig Männer, um gemeinsam zu gehen und miteinander zu sprechen. »Wir können über Dinge sprechen, über die wir mit unseren besten Freunden, die wir seit Jahren oder Jahrzehnten haben, vielleicht nie gesprochen hätten«, wird ein Teilnehmender namens Paul auf der Webseite der Organisation zitiert. »Der Grund? Die gemeinsamen Erfahrungen und kein Urteilen, nur Ermutigung, Mitgefühl und Verständnis. […] Für mich ist es ein wichtiger Teil einer Bewältigungsstrategie, die mir durchs Leben hilft.« Ein anderer Teilnehmer beschreibt, dass er sich der Gruppe angeschlossen habe, kurz nachdem sein Onkel an Krebs verstorben war. Wieder ein anderer, dass er auf der Suche war nach einem Ort, an dem Männer offen über mentale Gesundheit sprechen können. Und einer schreibt: »Es hilft mir dabei, mein Haus zu verlassen.«[62]

Seit Januar 2024 gibt es in München das weibliche Pendant dazu: Munich Girls Talking and Walking. Initiatorin Clare Carrington hat die Idee aus einem Auslandsaufenthalt in New York mitgebracht, erzählt sie in einem Interview mit der *Süddeutschen Zeitung*. Sie werde oft gefragt, ob man wirklich alleine kommen kann, so Carrington. »Dabei geht es ja genau darum, das ist ja das Schöne: Man kommt zwar alleine, aber man geht nicht alleine.«[63] Carringtons Initiative folgen Menschen in ganz Deutschland. Schon ein paar Monate nach ihrem ersten Spaziergang in München treffen sich Frauen auch in anderen Städten zu Talking and Walking, in Köln und Hamburg, in Frankfurt, Leipzig, Karlsruhe, Bremen.

Neben dem sportlichen Aspekt und der Ausschüttung von Endorphinen sorgen wir auch konkret für unsere mentale Gesundheit, indem wir gemeinsam spazieren gehen. Jedes Mal, wenn wir Gemeinschaft erleben, schützen wir unseren Körper vor den Folgen von Einsamkeit.

~

In manchen Ländern ist der gesundheitliche Nutzen von Gemeinschaft schon so anerkannt, dass er gezielt eingesetzt wird. In Taiwan beispielsweise gehören »Community Health Programmes« seit mehreren Jahrzehnten zur Gesundheitsfürsorge. Neben medizinischer Versorgung kann das heißen, dass öffentliche Grünflächen eingerichtet und gepflegt werden, Community-Gemüsegärten und lokale Märkte angelegt werden, sichere Schulwege für Kinder und öffentliche Sportplätze.

In einem Paper, das sich mit Taiwans Gesundheitssystem beschäftigt, heißt es, die Politik des »Community Health Building« sei in den Neunzigern eingeführt worden, um auf gesundheitliche Themen zu reagieren, die durch Umweltverschmutzung, Arbeitsbelastung, unzureichende Work-Life-Balance, schlechte Essgewohnheiten und mangelnde Bewegung entstanden seien.[64] »Gemeinschaftszentrierte Medizin basiert auf der gründlichen Betreuung einer Person, ihrer Familie und ihrer sozialen Umgebung anstatt auf der bloßen Diagnose einer körperlichen Krankheit«, beschreibt ein Angehöriger aus dem Gesundheitssektor die Idee hinter dem System. »Eine Krankheit steht immer im Zusammenhang mit der Lebensweise der betroffenen Person, ihrer Familie und ihrem sozialen Umfeld.«[65]

Die Frage, ob und inwieweit wir uns mit unseren Mitmenschen verbinden können, ist sowohl für unsere mentale als auch körperliche Gesundheit entscheidend. Genau dieser Tatsache trägt Taiwans Gesundheitssystem Rechnung, indem es nicht nur auf einzelne Personen abzielt, sondern auch auf die Nachbarschaften, in denen diese leben.

Ein anderes Beispiel dafür, wie die positiven Effekte von Gemeinschaft in die Gesundheitsfürsorge integriert werden, ist das »Social Prescribing«, übersetzt etwa: »Soziales Miteinander auf Rezept«, in Großbritannien. Der *National Health Service* NHS beschreibt es als einen Ansatz, der Menschen zur Teilnahme an Aktivitäten, Gruppen und Unterstützungsangeboten in ihren Communities anregt, um auf praktische, soziale und emotionale Bedürfnisse einzugehen, die sie in Bezug auf ihre Gesundheit haben. Lokale NGOs, Sozialarbeitende und Ärzt*innen können die Betroffenen an »Social Prescribing Link Worker« vermitteln. Die wiederum setzen sich mit den Patient*innen zusammen und erstellen gemeinsam einen Behandlungsplan, immer entlang der Frage: Was brauche ich? Was ist mir wichtig?[66]

Neben Medikamenten können Patient*innen also tatsächlich soziale Aktivitäten und Gesellschaft verschrieben bekommen: Tanzen zum Beispiel, Kochen, Gartenarbeit, Wandern, Kunst. Das Angebot richtet sich laut NHS nicht nur an sozial isolierte Menschen, sondern auch an Patient*innen, die chronisch erkrankt sind oder mit noch nicht stark ausgeprägten mentalen Belastungen zu kämpfen haben.

Die niederländische Variante nennt sich »Welzijn op Recept« – zu Deutsch »Wohlbefinden auf Rezept« – und existiert seit 2011. Modellversuche, Pilotprojekte und lokal begrenzte Angebote von Social Prescribing gibt es unter anderem auch in Spanien, Portugal, Italien, Österreich, Finnland, Polen, Kanada, den

USA, Iran, Japan, Singapur, Indien, Malaysia, China und Südkorea.[67]

Auch in Deutschland gibt es erste Versuche, Social Prescribing in die Gesundheitsfürsorge zu integrieren. In Berlin beispielsweise übernimmt der Verein Soziale Gesundheit e. V. die Rolle der Link Worker aus Großbritannien und wurde dafür 2023 mit dem Berliner Gesundheitspreis ausgezeichnet. Im selben Jahr fand in Deutschland die erste Konferenz für Social Prescribing statt. Wolfram J. Herrmann, Professor für Versorgungsforschung an der Berliner Charité und Leiter der Arbeitsgruppe »Stadtmedizin«, spricht in diesem Zusammenhang davon, dass Social Prescribing auch in Deutschland großes Potenzial habe.[68]

Mir selbst ist das Prinzip von Social Prescribing zweimal in meinem Leben begegnet – jedenfalls so ungefähr. Einmal in Form eines Dokumentarfilms über den US-amerikanischen Psychotherapeuten Phil Stutz. Darin stellt dieser ein paar der wichtigsten »Werkzeuge«, wie er sie nennt, vor, die er seinen Patient*innen empfiehlt, wenn sie wegen einer Krise zu ihm kommen.

Eines dieser Werkzeuge heißt »Life Force«, auf Deutsch in etwa »Lebenskraft« Stutz beschreibt sie als eine Pyramide aus drei Ebenen: unten der physische Körper, dann Beziehungen und oben das Selbst. Zum Körper gehören gesundes stärkendes Essen, ausreichender Schlaf und Bewegung. In Bezug auf Beziehungen rät Stutz: »Ergreifen Sie die Initiative, um mit anderen in Kontakt zu treten. Schon ein Mittagessen mit einer fremden Person kann einen Unterschied machen. Jede Person, mit der Sie interagieren, ist symbolisch eine Interaktion mit der gesamten Menschheit. Menschliche Verbindungen sind wie Hände, die einen zurück ins Leben ziehen.« Stutz empfiehlt, sich während einer akuten Krise voll und ganz auf diese Lebenskraft zu fokussieren, anstatt zu viel nachzudenken oder gar in blinden Aktionismus zu verfallen. Oftmals, so sagt er, würde sich der Rest dann wie von selbst ergeben.

Seit ich den Film mit und über Stutz gesehen (und danach zwei seiner Bücher gelesen) habe, weiß ich, was zu tun ist, wenn ich mit dem Gefühl aufwache, mich über Nacht verloren zu haben: Ich gehe an die frische Luft, schreibe Tagebuch oder meditiere (die dritte Ebene: das Selbst), esse gut und raffe mich auf, mich mit anderen zu verabreden. Letzteres ist dabei regelmäßig das, was mir am schwersten fällt – und gleichzeitig das, was verlässlich am meisten hilft.

Das andere Mal, dass mir Social Prescribing sozusagen begegnet ist, war tatsächlich in einer Arztpraxis, der meines Hausarztes in Hamburg. Egal, mit welchem körperlichen Leid ich zu ihm kam, seine ersten Fragen drehten sich immer um mein Gefühlsleben. Hatten Sie in letzter Zeit vermehrt Streit mit Ihrem Partner? Wie sehr stehen Sie momentan beruflich unter Druck? Gibt es gerade Krisen mit Verwandten oder in Ihrer Großfamilie? Wie sehr belastet Sie die aktuelle politische Situation?

Anfangs erschienen mir manche der Fragen beinahe übergriffig, so wenig war ich es gewohnt, mit fast fremden Menschen über diese Dinge zu sprechen. Und sie schienen mir unpassend, schließlich hatte ich die Praxis meines Hausarztes ja mit tatsächlichen Schmerzen aufgesucht. Mit der Zeit aber gewöhnte ich mich an seine Fragen, und irgendwann lernte ich sie und die daraus entstehenden Gespräche zu schätzen. Bei einem dieser Gespräche sagte mein Hausarzt einen Satz, den ich bis heute nicht vergessen habe. Es sei wichtig, mit anderen über die Dinge zu sprechen, die uns belasten. Und dann: »Das Leben ist einfach zu anstrengend, um da ganz alleine durchzumüssen.«

EXPERIMENTE FÜR DEN ALLTAG

- Beobachten Sie (mindestens) einen Tag lang Ihren Alltag: In welchen Momenten, auch den kleinen, erleben Sie die Anwesenheit Ihrer Mitmenschen als angenehm? Achten Sie auf Details!

- Nehmen Sie sich einen Moment lang Zeit, und erinnern Sie sich an mindestens drei Momente, in denen Ihnen eine bis dahin unbekannte Person geholfen hat - und sei es nur mit einem aufmunternden Wort.

- In welchen Bereichen in Ihrem Leben können Sie Dinge mit anderen Menschen synchron unternehmen? Fangen Sie klein an - es muss nicht gleich ein Gruppenspaziergang oder eine Rudertour sein. Vielleicht singen Sie gemeinsam ein Lied oder putzen zusammen Zähne?

**»It's normal to feel lonely,
it doesn't mean that you're weak
or you're shy
or you're not active enough
to make friends.
It happens to everyone.«**

EVAN, 26, DER VON HONGKONG NACH AUSTRALIEN GEZOGEN IST, AUS DER AUSTRALISCHEN KAMPAGNE »ENDING LONELINESS«

DREI 8

ALLEIN, ALLEIN. WIE EINSAM SIND WIR EIGENTLICH?

Am Telefon die Stimme einer Frau. Sie spricht überlegt, aber nicht langsam. Sie sagt: »Ich sitze in meiner Wohnung und schau den Leuten zu, die draußen an meinem Fenster vorbeigehen. Ich denke: Wie kann ich so allein sein an einem Ort, an dem so viele Menschen sind?« Direkt danach eine andere Stimme, leiser, etwas zaghafter: »Es ist eine lebendige, aus allen Nähten platzende Stadt, voll mit Leuten, sodass ich mich so einsam fühle. Als wäre ich die einzige Person, die nicht mit jemand anderem zusammen ist.« Rauschen, kurze Pause. Wieder eine neue Stimme: »Die Abende sind am schlimmsten. Du siehst die Leute Nacht für Nacht, auf Instagram, Pärchen oder Freunde. Du fühlst dich, als wäre die ganze Welt auf einer Party, zu der du nicht eingeladen bist.« Und schließlich: »Alle anderen haben die Zeit ihres Lebens und du nicht. Du bist die Anomalie, die Ausnahme. Es ist zum Kotzen.«

Die Stimmen sind echt, die Menschen dahinter auch. Sie haben auf einen Aufruf der britischen Dokumentarfilmerin Alice Aedy reagiert. Als diese im Januar 2018 in den Nachrichten hörte, dass die damalige Premierministerin Theresa May mit Tracey Crouch die weltweit erste Staatssekretärin für Einsamkeit ernannte, war sie beunruhigt. Die Idee habe für sie sehr dystopisch geklungen, »fast wie bei Orwell«. Also organisierte sie eine Hotline für junge Leute, die Interesse hätten, die neue Staatssekretärin für Einsamkeit zu kontaktieren.

Innerhalb von 24 Stunden sei die Mailbox voll gewesen, erzählte Alice Aedy dem Magazin *The Atlantic*.[69] »Nichts konnte uns darauf vorbereiten, wie emotional die Sprachnachrichten waren«, so Aedy. »In der ersten Nacht, in der wir die Nachrichten erhielten, blieben wir bis drei Uhr morgens wach und hörten zu, manchmal unter Tränen.« Viele der Anrufenden hätten ihre Nachricht damit beendet, sich für die Gelegenheit, ihre Gefühle wenigstens einmal mit jemandem teilen zu können, zu bedanken. Einige der Sprachnachrichten hat Aedy in ihrem Dokumentarfilm *Disconnected* zusammengestellt, zusammen mit atmosphärischen Bildern einer 16-Millimeter-Kamera. Sie schlussfolgert:

> *Das grundlegende Versprechen des Internets – bessere menschliche Beziehungen – ist gescheitert. Technisch mögen wir besser miteinander vernetzt sein, aber ich denke, wir sind eigentlich isolierter voneinander, als wir es jemals waren.*[70]

Ob wir tatsächlich einsamer sind als je zuvor, ist schwer zu beantworten. Einsamkeitsforschung ist ein verhältnismäßig junges Forschungsgebiet.[71] Sicher ist: Die Zahl der Menschen, die sich einsam und isoliert fühlen, hat in den letzten Jahren weltweit zugenommen – so sehr, dass die Weltgesundheitsorganisation WHO Einsamkeit als »Pandemie des 21. Jahrhundert« bezeichnet hat[72] und warnt: »Jeder Mensch, überall auf der Welt, kann sich einsam oder sozial isoliert fühlen.«[73]

Inzwischen gibt es außer in Großbritannien auch in Japan einen Staatssekretär für Einsamkeit. Der Posten wurde 2021 ins Leben gerufen, nachdem im Zusammenhang mit Covid-19 die Zahl der Suizide deutlich gestiegen war. In Deutschland wurde Einsamkeit mittlerweile ebenfalls als politisches Problem erkannt – auch wenn bisher kein eigener Posten für diese Aufgabe geschaffen worden ist. Im Juni 2023 hat sich Familienministerin Lisa Paus mit Ogura Masanobu, dem japanischen Staatsminister für Einsamkeit und Isolation, ausgetauscht. In einem gemeinsamen Statement beschreiben sie Einsamkeit und soziale Isolation als universelles gesellschaftliches Problem, das jeden treffen kann. Als weltweite Herausforderungen seien sie durch die Corona-Pandemie sowohl sichtbarer als auch drängender geworden. Beide Regierungen würden künftig ihr Wissen teilen.[74]

Sechs Monate später steht Familienministerin Lisa Paus am Berliner Hauptbahnhof und singt Weihnachtslieder, zusammen mit dem Berliner Kiezchor. Die Aktion soll auf die »Strategie gegen Einsamkeit« aufmerksam machen, die in der gleichen Woche vom Bundeskabinett verabschiedet wird. »Wir holen das Thema raus aus der Tabuzone«, so Paus. Ziel der Strategie sei es, Einsamkeit in allen Altersgruppen vorzubeugen und zu lindern. »Einsamkeit hat viele Gesichter und Gründe«, heißt es dort.[75]

Wie sehen diese Gesichter, wie sehen diese Gründe in Deutschland aus?

~

Einsamkeit ist subjektiv, sie kann nicht verlässlich objektiv von außen definiert oder erkannt werden. Wir können nicht sagen:

Eine Person hat weniger als fünf soziale Kontakte, also ist sie einsam. Menschen können alleine leben und nur wenige Vertraute um sich herum haben und sich damit wohlfühlen. »Alleinsein kann durchaus selbstgewählt sein, als Erholung erlebt oder als bewusste Abgrenzung gegenüber anderen gestaltet werden«, heißt es in einer Studie zur Einsamkeit bei Jugendlichen aus dem Jahr 2023.[76] Genauso kann eine Person sich einsam fühlen, die verheiratet ist, einen großen Freundeskreis hat und die meiste Zeit im Alltag von anderen Menschen umgeben ist. In der Forschung taucht daher immer wieder diese Definition auf: Einsam fühlt sich, wer weniger soziale Kontakte hat, als er oder sie es sich wünscht.

Möglicherweise klingt diese Unterscheidung banal. Sie bedeutet aber, dass Einsamkeit gut versteckt ist. Wir können sie nicht anhand von demografischen Faktoren ablesen und aufspüren. Wir können sie nur dann erkennen, wenn Menschen von ihrer Einsamkeit erzählen. Wer einsam ist, tut sich jedoch genau damit schwer. Einsame Menschen haben häufig Schwierigkeiten, anderen Menschen zu vertrauen. Noch dazu schämen sich viele dafür, dass sie sich einsam fühlen oder denken, sie seien selbst schuld an ihrer Situation.[77] So legen beispielsweise manche Studien nahe, dass Männer in Befragungen dazu neigen, ihr Einsamkeitsgefühl kleinzureden – aus Sorge, dass sie stigmatisiert werden könnten.[78]

Der norwegische Philosoph Lars Svendsen beschreibt in seinem Buch *Philosophie der Einsamkeit*, dass er manchmal in seinen Vorlesungen über Einsamkeit dazu aufgerufen habe, dass diejenigen Studierenden, die sich einsam fühlten, die Hand heben. Niemand habe sich jemals gemeldet. Stattdessen sei immer eine unangenehme Stille eingetreten. »Das illustriert einen Aspekt: Es ist schwer, seine eigene Einsamkeit öffentlich anzuerkennen. Einsamkeit ist ein sozialer Schmerz […], und dieser Schmerz wird besonders prekär, wenn er sozial sichtbar wird.«[79]

Trotzdem gibt es bisher keinen anderen Weg als Befragungen, um Einsamkeit zu messen. Die Zahlen, die dabei herauskommen, sind also vermutlich eher Mindestangaben.

Grundsätzlich unterscheiden Forschende zwischen emotionaler Einsamkeit – dem Mangel an engen Beziehungen –, sozialer Einsamkeit – einem Mangel an Freund*innen und Bekannten – sowie kollektiver Einsamkeit – dem Mangel an Zugehörigkeit zu einer größeren Gruppe oder der Gesamtgesellschaft.

Die britische Ökonomin Noreena Hertz fasst den Begriff in ihrem Buch *Das Zeitalter der Einsamkeit* jedoch noch weiter. Es gehe auch um ein Gefühl der Entfremdung; darum, sich von Mitbürger*innen, Arbeitgeber*innen, Gemeinden und Regierungen im Stich gelassen zu fühlen.[80] Hertz schreibt:

> *Ich glaube, dass Einsamkeit in ihrer gegenwärtigen Form – beeinflusst durch Globalisierung, Verstädterung, zunehmende Ungleichheit und Machtungleichgewichte, größere Mobilität, bahnbrechende Technologien, Sparmaßnahmen und zuletzt das Coronavirus – noch mehr ist als unser Bedürfnis nach Verbundenheit zu unseren Mitmenschen, unser Wunsch, zu lieben und geliebt zu werden, und die Traurigkeit, die wir empfinden, wenn wir uns ohne Freunde glauben. Sie umfasst vielmehr auch, wie losgelöst von Politikern und der Politik wir uns fühlen, wie abgeschnitten von unserer Arbeit und unserem Arbeitsplatz, wie ausgeschlossen von gesellschaftlichen Vorteilen und wie machtlos, unsichtbar und überhört sich so viele von uns fühlen. Es ist eine Einsamkeit, die hinausgeht über das*

menschliche Bedürfnis nach emotionaler Nähe, denn sie ist auch Ausdruck des menschlichen Bedürfnisses, gehört und gesehen zu werden, umsorgt zu werden, frei agieren zu können, freundlich, fair und respektvoll behandelt zu werden.[81]

Einsamkeit ist also nicht nur ein Phänomen, das politisches Handeln erfordert. Sie ist auch ein Phänomen, das durch politisches Handeln ausgelöst werden kann.

~

Nicht jede Person, die sich schon einmal einsam gefühlt hat, ist es auch tatsächlich. In einer Studie aus dem Jahr 2022 heißt es:

Die meisten Menschen, egal wie alt sie sind oder wo sie leben, haben wahrscheinlich irgendwann in ihrem Leben Einsamkeit erlebt […] und [mussten] mit den damit verbundenen negativen Auswirkungen umgehen.[82]

Einsamkeit ist also ein Gefühl, das die meisten von uns, wenn nicht sogar wir alle, kennen. Den Grund beschreibt der Philosoph Svendsen: Von Geburt an seien wir auf Verbindung zu anderen angewiesen, und es sei schlichtweg unmöglich, dass dieses Bedürfnis in jedem einzelnen Moment unseres Lebens vollständig erfüllt sei: »Eine Person, die sich nie einsam fühlt, leidet vermutlich an einem Mangel an oder einem Defekt in der emotionalen Ausstattung.«[83]

Einsamkeit ist ein Warnsignal, das uns zeigt, wann wir mehr Verbundenheit brauchen, als wir momentan haben – und als solches kann es uns gewissermaßen als Starthilfe dienen und uns zum Handeln auffordern. Anders ist es, wenn sich das Gefühl verstetigt und irgendwann fester Bestandteil unseres Alltags wird oder immer wieder in unser Leben tritt. Dann kann Einsamkeit zu etwas werden, das uns krank macht und uns aus der Gesellschaft ausschließt.

Das Gefühl, einsam zu sein, kann sich im Lauf unseres Lebens verändern. »Besonders Menschen im jungen Erwachsenenalter und in den späteren Jahren der mittleren Lebensphase erleben Einsamkeit«, heißt es in einer Studie aus dem Jahr 2023.[84] Einsame Jugendliche müssen also nicht zwangsläufig zu einsamen Erwachsenen werden. Und einsame Senior*innen haben sich nicht zwangsläufig schon ihr ganzes Leben so gefühlt.

Laut dem Bundesministerium für Familie, Senioren, Frauen und Jugend sind besonders Menschen in Umbruchsituationen gefährdet, beispielsweise wenn wir ein Studium beginnen oder eine Ausbildung, wenn wir ins Berufsleben starten oder in Rente gehen. Auch wenn wir einen geliebten Menschen verlieren – durch Tod oder Trennung – oder einen sonstigen Schicksalsschlag erleiden, steigt das Risiko, dass wir uns einsam fühlen.[85]

Die wenigsten Menschen sind also per se einsam oder nicht. Einsamkeit ist keine Charaktereigenschaft, sondern ein Zustand. Und der kann sich verändern, je nachdem, was in unserem Leben gerade los ist – und je nachdem, wie wir uns dazu verhalten. Genauso kann sich unser Bedürfnis nach sozialen Kontakten ändern. In manchen Lebensphasen überfordern uns vielleicht schon eine Handvoll enger Kontakte, in anderen reichen selbst ein paar Dutzend nicht aus, um uns genug mit anderen verbunden zu fühlen. Und auch die Art der Beziehungen, die wir missen, kann sich ändern.

Zu einer Zeit, als ich am Ende des Jahres bei der Steuererklärung merkte, dass ich 200 Tage im Jahr nicht zu Hause, sondern auf Recherchen, Filmgesprächen, Lesungen war, sehnte ich mich nach stabilen, verlässlichen, bekannten Beziehungen und suchte den engeren Kontakt mit Freund*innen aus der Kindheit, die damals alle mehrere Stunden von mir entfernt lebten. Neue Bekanntschaften und Begegnungen hatte ich damals mehr als genug. Jetzt, da ich einen stabilen Alltag habe, weniger reise und meine Freund*innen von damals fast jede Woche, mindestens jeden Monat sehe, merke ich, dass ich eher bereit bin, hin und wieder neue Menschen in mein Leben zu lassen.

Das eine Bedürfnis ist nicht besser als das andere. Beide haben gemeinsam, dass wir sie, wenn wir sie nicht reflektieren, sehr wahrscheinlich auch nicht erfüllen können. Wir brauchen Wissen, Verständnis von Strukturen, vielleicht sogar eine Anleitung zum Handeln, damit aus Bedürfnissen, aus einem immer drängender werdenden Gefühl von Mangel, von Überforderung, von Einsamkeit, mit der Zeit eine neue Realität entstehen kann.

Es kann also helfen, wenn wir uns hin und wieder fragen, wie einsam wir uns gerade fühlen und in welchen Bereichen unseres Lebens uns Beziehungen fehlen. Möglicherweise wissen wir auf Anhieb gar nicht so genau, ob und in welchem Ausmaß wir uns mehr Verbundenheit wünschen. Oder es fällt uns schwer, das Gefühl von Einsamkeit von anderen belastenden Gefühlen abzugrenzen. Vielleicht kann uns ein Blick in die Forschung weiterhelfen: Dort wird häufig die »UCLA Loneliness Scale« verwendet – ein Katalog aus 20 Aussagen wie »Ich fühle mich wohl mit den Menschen um mich herum«, »Ich habe niemanden, an den ich mich wenden kann«, »Ich habe viel gemeinsam mit den Menschen um mich herum«, »Ich habe einen Freundeskreis«, »Niemand kennt mich wirklich«, »Ich kann mit anderen zusammen sein, wenn ich das will« oder »Es gibt Menschen, die mich wirklich verstehen«.[86] In der Harvard-Langzeitstudie zum Thema Lebensglück benutzen die

Forschenden unter anderem Fragen wie »Auf wen können Sie wirklich zählen, wenn Sie einmal Hilfe brauchen? Bitte listen Sie alle Menschen auf, die Ihnen diesbezüglich einfallen«[87], »Wie oft fühlen Sie sich außen vor gelassen?« oder »Welche Beziehung haben Sie zu jedem Ihrer Kinder auf einer Skala von 1 (negativ-feindselig und/oder distanziert) bis 7 (positiv-liebevoll und/oder eng)?«[88]

Nun müssen wir natürlich nicht gleich einen kompletten Fragebogen ausfüllen, um ein Gespür dafür zu bekommen, ob wir gerade weniger Kontakt zu anderen haben, als wir brauchen. Aber vielleicht hilft es, wenn wir, statt uns zu fragen »Bin ich einsam?«, uns in mehreren Richtungen danach umschauen, ob und wo in unserem Leben Beziehungen fehlen. Wann habe ich das letzte Mal mit anderen zusammen gelacht oder geweint? Wem kann ich wirklich vertrauen? Wen rufe ich an, wenn ich mitten in der Nacht ein Problem habe? Wer motiviert mich, wenn ich mir etwas vornehme oder vor einer Herausforderung stehe?

Fragen wie diese können uns nicht nur dabei helfen, dem etwas abstrakten Begriff von Einsamkeit ein Gesicht zu geben. Sie können uns auch zeigen, wo in unserem Leben es vielleicht gerade an Verbündeten mangelt – auch wenn wir uns insgesamt nicht unbedingt einsam fühlen. Je eher wir merken, dass unser Bedürfnis nach Gemeinschaft und Eingebundensein nicht vollständig erfüllt ist, desto eher können wir nach Wegen suchen, daran etwas zu ändern. Das ist auch insofern gut, als es uns schwerer fällt, auf andere Menschen zuzugehen, wenn wir uns bereits sehr einsam fühlen. Früh aktiv zu werden und zu handeln, lohnt sich also. Lars Svendsen schreibt:

> *Selbstverständlich können wir nicht ohne Weiteres wählen, was wir fühlen. Man kann nicht einfach wählen, nicht einsam zu sein, sodass das Problem*

durch einen solchen Willensakt verschwinden würde wie Tau in der Sonne. […] Indessen kann man sich zum Beispiel entscheiden, sich in eine soziale Situation hineinzubegeben, auch wenn damit ein Unbehagen verbunden ist. Man kann versuchen, zu ändern, wie man über solche Situationen denkt und welche Erwartungen man an andere Menschen und die Bindungen an sie hat. Diese Arbeit kann einem keiner abnehmen.[89]

~

Wie einsam sind Menschen in Deutschland? Vor der Corona-Pandemie lag der Anteil der Personen, die sich einsam fühlen, in Deutschland bei 14 Prozent. Während der Pandemie stieg er phasenweise auf über 40 Prozent an.[90] Im Jahr 2023 fühlen sich laut »Deutschland-Barometer Depression« 25 Prozent der Menschen in Deutschland »sehr einsam«. Jede vierte Person – fast doppelt so viele wie vor der Pandemie. Einsamkeit betrifft uns also alle, direkt oder indirekt. Wenn wir nicht selbst zu den 25 Prozent gehören, können wir fast mit Sicherheit davon ausgehen, dass einige Menschen aus unserem Bekannten- und Familienkreis es tun.

Während sich vor der Pandemie besonders Menschen, die älter als 75 Jahre alt waren, einsam gefühlt haben, waren während der Pandemie vor allem die Jungen betroffen: Menschen unter 30 Jahren.[91] Eine Studie, die von der Landesregierung von Nordrhein-Westfalen in Auftrag gegeben wurde, kam zu dem Schluss, dass sich jeder fünfte Jugendliche in NRW einsam fühlt.

Bei der Vorstellung der Studie sagte Ministerpräsident Hendrik Wüst:

Einsamkeit ist die neue soziale Frage unserer Zeit. Sie wirkt sich nicht nur auf das Leben der Betroffenen negativ aus. Einsamkeit fordert auch unser Gesundheits- und Sozialsystem heraus und schadet dem gesellschaftlichen Zusammenhalt. Die Politik muss den Kampf gegen Einsamkeit annehmen und zu einem Grundanliegen ihres Handelns machen. Alle staatlichen Ebenen müssen sich mit dem Phänomen grundsätzlich auseinandersetzen.[92]

Eine bundesweite Studie zu Einsamkeit unter Jugendlichen und jungen Erwachsenen aus dem Jahr 2023 kommt zu noch deutlicheren Ergebnissen: 55 Prozent der Jugendlichen mangele es manchmal oder immer an Gesellschaft, 26 Prozent hätten nicht das Gefühl, anderen Menschen nah zu sein. Rund ein Viertel der Jugendlichen beschrieben, mit den Menschen um sie herum nicht auf einer Wellenlänge zu sein. Und 56 Prozent der Befragten gaben an, sich durch die Pandemie häufiger einsam gefühlt zu haben.[93]

Laut Studie geht es dabei nicht nur um zwischenmenschliche Kontakte, sondern auch um das Gefühl, ausgeschlossen zu sein; das Bedürfnis, einer Gruppe anzugehören, und den Mangel an Personen, denen sich die Jugendlichen mit ihren Problemen anvertrauen können.[94] Weitere Faktoren seien das Scheitern erster romantischer Beziehungen sowie mangelnde Unterstützung durch die Eltern.[95] Statistisch überdurchschnittlich von Einsamkeit betroffen seien ohnehin schon sozial benachteiligte Jugendliche.[96]

Die Studie trägt den bezeichnenden Titel *Extrem einsam?* und basiert auf einer repräsentativen Umfrage unter 1008 Jugendlichen im Alter von 16 bis 23 Jahren. Ihr Fazit:

*Es zeigt sich das Bild einer einsamen Jugend. […] Negative Gefühle bestimmen besonders oft ihre aktuelle Verfassung, und sie blicken weniger zuversichtlich in ihre Zukunft als ihre nicht-einsamen Altersgenoss*innen.*[97]

Besonders besorgniserregend: Nur 57 Prozent der in der Studie befragten Jugendlichen hielten die Demokratie noch für die beste Staatsform. Und lediglich 40 Prozent gaben an, der Politik zuzutrauen, die Herausforderungen der Zukunft zu meistern. »Teile der jungen Generation fühlen sich – insbesondere in Krisenzeiten – ganz offenbar von der Politik vergessen«, folgern die Forschenden um Maike Luhmann.[98]

[D]ie Einsamen glauben, dass sie ihr Leben oder die Politik kaum beeinflussen können. So setzen die Existenzsorgen und Bemühungen um eine stabile Zukunft einsame Jugendliche stark unter Druck, was wiederum zu Stress, Überforderung und Erschöpfung führt.[99]

Dabei finden sie laut Studie jedoch kaum hilfreiche Strategien. Drei von vier Jugendlichen versuchten demnach ihre Einsamkeit zu ignorieren, obwohl die meisten derer, die so handeln, es nicht als hilfreich empfinden.[100] 75 Prozent der Jugendlichen verbringen mehr Zeit online, wenn sie sich einsam fühlen, in Sozialen Medien oder mit Onlinespielen. Weniger als die Hälfte von ihnen fühlt sich dadurch wirklich besser. Die Jugendlichen würden keine Verbindung zwischen ihren Sorgen und dem gesellschaftlichen System herstellen, so die Verantwortlichen der Studie. Stattdessen betrachteten sie ihre Einsamkeit als selbst verschuldet und fühlten sich verantwortlich, sich auch wieder selbst von dieser zu befreien.[101] Eine Dynamik, die die Autorin Elif Shafak in ihrem Buch *Hört einander zu!* als prägend für unsere Zeit beschreibt:

> *[Wir] achten […] kaum je auf etwas scheinbar Abstraktes, schwer Fassbares wie »Gefühle«. Dabei lasten insgeheim ständig unangenehme Gefühle auf uns. Wir denken, nur wir würden fast zerbrechen unter ihrem Gewicht, während alle anderen ein leichtes Leben hätten. Hin und wieder wird uns bewusst, dass das eine Illusion ist.*[102]

Welche Folgen das auf gesellschaftlicher Ebene hat, analysiert die Historikerin Rebecca Solnit:

> *Das ist ein weiterer Bestandteil unseres unverwüstlichen Individualismus und unserer Heldenkultur, die Idee, dass alle Probleme persönlich sind und sie alle durch persönliche Verantwortung gelöst werden können. Es ist ein Rahmen, der die Möglichkeit eines tieferen, umfassenderen Wandels ausschließt und verhindert, dass die Mächtigen zur Rechenschaft gezogen werden, die den Status quo erschaffen haben und von ihm profitieren sowie von den unzähligen Formen des Schadens, die er anrichtet. Diese Narrative über individuelle Verantwortung und Wandel führen zu Stillstand, weil man sich anpasst an Diskriminierung, Armut oder Umweltverschmutzung.*[103]

Einsamkeit und ihre politischen Ursachen zu benennen, ist also nicht nur wichtig, damit wir als Einzelne besser mit ihr umgehen können. Es ist auch wichtig, damit wir die gesellschaftlichen Ursachen in den Griff bekommen.

~

Neben Menschen unter 30 Jahren trifft es vor allem Menschen über 75 – warum? Weil sich in diesem Alter Ereignisse häufen, die das Gefühl von Einsamkeit mit sich bringen können: Krankheiten, der Tod von Angehörigen, Partner*innen oder Freund*innen sowie finanzielle Verarmung.[104] Doch auch wenn das Risiko, sich einsam zu fühlen, in jungen und in älteren Jahren besonders hoch ist – Einsamkeit kann uns zu jedem Zeitpunkt in unserem Leben erwischen. Sie kommt in allen Altersgruppen vor.

Frauen sind stärker betroffen als Männer.[105] Woran das liegt, konnte bisher nicht eindeutig festgestellt werden. Überraschend ist es insofern, weil Frauen statistisch betrachtet mehr Freundschaften pflegen als Männer. Während einige Forschende vermuten, dass Männer in Umfragen schlicht seltener zugeben, dass sie sich einsam fühlen, vermuten andere, dass Frauen ein größeres Bedürfnis nach sozialen Kontakten haben und sich daher schneller einsam fühlen als Männer. Und noch ein Grund ist denkbar: Besonders gefährdet für Einsamkeit sind Alleinerziehende und Menschen, die Angehörige pflegen. Da in Deutschland die meiste Care-Arbeit, egal ob für Kinder oder alte Menschen, nach wie vor von Frauen ausgeübt wird und auch die meisten Alleinerziehenden Frauen sind, könnte also auch dieser Faktor eine Rolle spielen.

Diskriminierung, egal aus welchem Grund, erhöht das Risiko, sich einsam zu fühlen:[106] Menschen mit Flucht oder Migrationserfahrung, LGBTQIA, Menschen mit Behinderungen und chronischen Erkrankungen und Menschen, die von Armut betroffen sind – sie alle sind statistisch überdurchschnittlich stark von Einsamkeit bedroht.

Keine Rolle spielt hingegen, ob Menschen in einer Stadt oder auf dem Land leben. In beiden Umgebungen können sich Menschen verlassen fühlen oder eben verbunden. Ganz egal ist es trotzdem nicht, wo wir wohnen. Menschen in Gegenden mit viel Abwanderung und Menschen in Gegenden, die weit abgelegen vom nächsten Zentrum sind, neigen dazu, sich einsamer zu fühlen.[107] Einige Forschende sehen darin eine Erklärung dafür, dass Menschen in Ostdeutschland sich tendenziell einsamer fühlen als Menschen im Rest von Deutschland.[108]

Und auch unsere Nachbarschaft ist entscheidend: Öffentliche Freizeitangebote wie Parks, Bibliotheken oder belebte Plätze können das Risiko zu vereinsamen senken.[109] »Ein öffentlicher, nicht kommerzieller Raum fordert nichts von dir«, beschreibt die Autorin und Künstlerin Jenny Odell die wichtige Rolle solcher Orte, »weder einzutreten noch zu bleiben; der offenkundigste Unterschied zwischen dem öffentlichen Raum und anderen Räumen ist, dass man nichts kaufen muss oder nur vorgeben müsste, etwas kaufen zu wollen, um sich dort aufzuhalten.«[110] In einem anderen Text werden sie als Orte beschrieben, in denen wir uns nicht nur wie Eltern, Geschwister oder Kolleg*innen fühlen können, sondern als Mitglieder einer Nachbarschaft, als Bürger*innen[111] – vielleicht die grundlegendste Funktion, die solche Orte haben für unser Gefühl, miteinander verbunden zu sein. Wie wir wohnen, ob alleine oder nicht, scheint deutlich weniger entscheidend zu sein, als die meisten Menschen vermuten. Laut dem »Einsamkeitsbarometer« von 2023 fühlen sich in Europa Menschen, die alleine leben, sogar tendenziell weniger einsam. Möglicherweise liegt das daran, dass sie sich häufiger verabreden als Menschen, die bereits mit anderen zusammenleben. Die Tatsache, dass es heute deutlich mehr Single-Haushalte gibt als noch vor einigen Jahrzehnten, hat auch damit zu tun, dass Menschen heute mehr als früher frei sind, ihre Beziehungen selbst zu wählen – und gegebenenfalls zu beenden, wenn sie sich unglücklich oder einsam darin fühlen.[112]

Das Wissen darüber, welche Faktoren das Risiko für Einsamkeit erhöhen, kann uns helfen, uns entsprechend zu wappnen. Egal, ob wir einen Job verloren haben, gerade Care-Arbeit leisten oder ein von uns geliebter Mensch gestorben ist – sobald wir erkennen, dass wir in einer Phase stecken, in der wir anfälliger als sonst dafür sind, zu vereinsamen, können wir uns vorbereiten und in diesen Zeiten gezielt nach Unterstützung fragen.

Und vielleicht sind wir ja auch ein bisschen motivierter, weniger ängstlich und mutiger, wenn wir wissen, dass es völlig normal ist, sich in solchen Phasen einsam zu fühlen; wenn wir verstehen, dass Einsamkeit nicht heißt, dass etwas mit uns nicht stimmt, sondern dass sie ein Signal ist, das uns zum Handeln auffordert. Wenn unser Magen knurrt und wir merken, dass wir hungrig sind, gehen wir in die Küche und öffnen den Kühlschrank. Aber was tun wir, wenn es in unserer Seele rumort und wir bemerken, dass wir uns einsam fühlen? Finden wir es gemeinsam heraus!

EXPERIMENTE FÜR DEN ALLTAG

- Wagen Sie einen Blick in die Vergangenheit: In welchen Phasen Ihres Lebens haben Sie sich einsam gefühlt? Wer oder was hat Ihnen damals geholfen?

- Und jetzt in der Gegenwart: Sind Sie momentan oder in der nahen Zukunft in Ihrem Leben mit bestimmten Risikofaktoren konfrontiert? Wer oder was könnte Ihnen helfen, damit umzugehen?

- Für die Mutigen eine Übung in Scham überwinden: Sprechen Sie mit einer vertrauten Person darüber, wann und inwiefern Sie beide sich jeweils einsam gefühlt haben und wie Sie in Zukunft damit umgehen möchten. Wie fühlt es sich an, offen über dieses Gefühl zu sprechen?

**Ein Tag ohne einen Freund
ist wie ein Topf
ohne einen einzigen Tropfen
Honig darin.**

WINNIE PUUH

VIER 8

DAS GEHEIMNIS DES GESUNDEN ÄLTERWERDENS

Ich möchte Sie zu einem kurzen Experiment einladen: Woran denken Sie, wenn Sie das Wort »Altersvorsorge« hören? Halten Sie ruhig einen Moment inne. Wenn Sie mögen, schließen Sie die Augen. Sie können natürlich auch eine Wand anstarren oder aus dem Fenster blicken – das tut nichts zur Sache. Hauptsache, Sie achten darauf, welche inneren Bilder vor Ihrem Auge entstehen. Welche Begriffe, welche Gefühle. Nehmen Sie sich ruhig ein paar Atemzüge lang Zeit dafür. Wenn Sie mögen, können Sie sich ein paar Stichworte hier in diesem Buch aufschreiben. (Wenn Sie es nach dem Lesen noch weiterverschenken wollen, können Sie sich natürlich genauso gut Notizen auf einem Blatt Papier machen.) Was ist Ihnen in den Sinn gekommen?

____

____

____

Haben Sie etwas aufgeschrieben? Sehr gut. Dann gehen wir zum nächsten Begriff. Was kommt Ihnen in den Sinn, wenn Sie an das Wort »Gesundheit« denken? Nehmen Sie sich ruhig wieder einen Moment Zeit – und wenn Sie mögen, machen Sie sich Notizen.

Und jetzt denken Sie an das Wort »Freundschaft«. Welche Bilder, Gefühle, Begriffe entstehen vor Ihrem inneren Auge?

Wenn Sie mögen, lesen Sie jetzt noch einmal, was Sie jeweils zu den drei Begriffen geschrieben haben. Finden Sie Gemeinsamkeiten? Überschneidungen? Unterschiede?

Tatsächlich sind die drei Begriffe eng miteinander verknüpft. Aus der Forschung wissen wir, dass Freundschaften und die Qualität unserer Beziehungen wie nichts anderes sonst darüber entscheiden, wie lange – und wie gesund – wir leben.

»Wir müssen unseren sozialen Beziehungen Priorität einräumen, als ob unser Leben davon abhängt, denn das tut es.« So beschreibt es die Professorin für Psychologie und Neurowissenschaft Julianne Holt-Lunstad. Zusammen mit anderen Forschenden hat sie mehr als 148 Studien aus der ganzen Welt mit insgesamt mehr als 300 000 Teilnehmenden untersucht.[113] Das Ergebnis: Soziale Beziehungen steigern die Lebenserwartung um mehr als 50 Prozent. Fehlen sie – etwa wenn jemand sich isoliert fühlt –, lässt sich das statistisch mit den Folgen von Nikotinabhängigkeit oder einer Krebserkrankung vergleichen.[114]

Sogar dann, wenn wir von einer lebensbedrohlichen Krankheit betroffen sind oder Dinge erleben, die uns als Menschen brechen können, helfen uns soziale Kontakte beim Überleben: Eine Studie mit mehr als 2800 Krankenschwestern, die an Brustkrebs erkrankt waren, zeigte, dass diejenigen Frauen, die mehr als zehn Freund*innen hatten, viermal so wahrscheinlich überlebten wie diejenigen, die keine engen Kontakte hatten.[115] Eine andere Studie zeigte, dass Soldaten, denen es gelang, eine Freundschaft zu ihren Kameraden aufzubauen, nach einem Kriegseinsatz weniger häufig eine posttraumatische Belastung erlitten als diejenigen, die in ihrer Truppe keine tieferen Beziehungen hatten.[116]

Wie genau unsere sozialen Kontakte uns sogar bei schwerwiegenden Krankheiten schützen, erklärt Susan Pinker in ihrem Buch *The Village Effect*. Im Wesentlichen gebe es drei verschiedene Aspekte, mit denen uns unsere Mitmenschen helfen. Erstens: Wir gelangen schneller und besser an zielgenauere Informationen, wenn wir auf ein stabiles Netzwerk an Kontakten zurückgreifen können und so beispielsweise von effizienten Behandlungsmöglichkeiten oder besonders guten Ärzt*innen erfahren. Der zweite Aspekt ist die ganz konkrete organisatorische Unterstützung: Fahrten zu Behandlungsterminen, Kinderbetreuung, selbstgekochtes Essen vorbeibringen und Ähnliches. Dinge, die vielleicht nicht direkt unseren Krankheitsverlauf beeinflussen, aber dafür sorgen, dass wir drum herum weniger Stress ausgesetzt sind. Der dritte Aspekt ist die emotionale Unterstützung: Menschen, die uns Mut zusprechen, uns in den Arm nehmen, uns daran erinnern, zu essen, zu trinken, unsere Medikamente zu nehmen.[117]

Pinker betont in diesem Zusammenhang, es sei wichtig, aus diesen Fakten keine umgekehrten Schlüsse zu ziehen: Anders, als viele Menschen glaubten, gäbe es keine wissenschaftlichen Belege dafür, dass Stress Krebs verursache – obwohl, so Pinker, in zahlreichen Studien versucht wurde, diesen Zusammenhang nachzuweisen. Die Tatsache, dass dennoch so viele Menschen von diesem Zusammenhang überzeugt seien, vermutet Pinker, liege daran, dass viele Personen, die an Krebs erkranken, bei der Frage »Warum ausgerechnet ich?« irgendwann bei belastenden Ereignissen und Situationen in ihrem Leben landeten. Möglicherweise, so Pinker, sei es psychologisch betrachtet einfacher, eine Erkrankung zu akzeptieren, wenn wir einen vermeintlichen Grund dafür sehen, als uns damit abzufinden, dass wir einfach Pech gehabt haben.[118]

Pinker schreibt:

> *Die Denkweise Ende des 20. Jahrhunderts war, dass, wenn man die Seele heilen, es auch den Körper heilen würde – und viele Vorstudien legten nahe, dass Psychotherapie das Überleben von Krebspatienten verlängern könnte. Aber keine der tiefergehenden Studien, die folgten, konnten beweisen, dass das stimmt. Psychotherapie kann emotionalen Stress lindern, aber sie kann nicht die Lebenserwartung steigern. Chemotherapie und Bestrahlung können die Lebenserwartung steigern, aber sie können ganz sicher nicht emotionalen Stress lindern. Nur deine Freunde können beides.*[119]

Verschiedene Arten von Beziehungen kommen verschiedenen Bedürfnissen zugute. Während wir für emotionale Unterstützung auf stabile, belastbare und intime Beziehungen angewiesen sind, helfen uns laut Pinker oft gerade die weniger vertrauten Beziehungen, wenn wir konkrete Unterstützung oder Informationen brauchen wie etwa den Kontakt zu einer Fachärztin, einen neuen Job oder eine Wohnung. Wer uns besonders nahesteht, hat oft denselben Erfahrungshorizont wie wir und verfügt nur über wenige neue Informationen und Kontakte, die für uns neu sind. Auch wenn es nicht ganz intuitiv ist, sind es daher meist unsere weniger engen Bekannten, die uns mit konkreten Herausforderungen im Leben weiterhelfen können.[120]

Inwiefern soziale Kontakte unser Überleben sichern – und verlängern –, wird besonders deutlich in Krisenfällen. Der Politikwissenschaftler Daniel Aldrich forscht zu Katastrophenfällen und schreibt: »Resilienz entsteht nicht durch persönliches Rückgrat; sie ist vielmehr die Fähigkeit einer Nachbarschaft oder einer Community, auf Krisen zu reagieren, sie zu mildern und sich entsprechend anzupassen.«[121] Als er gemeinsam mit einem japanischen Kollegen versuchte herauszufinden, warum bei dem Tsunami in Fukushima die Sterberate in verschiedenen Nachbarschaften so unterschiedlich hoch war, kamen sie zu einem überraschenden Ergebnis: In Katastrophenfällen überleben nicht in den wohlhabendsten oder gebildetsten Vierteln am meisten Menschen, sondern in den Nachbarschaften, in denen die Menschen am stärksten miteinander verbunden sind. »In vielen Fällen lagen nur vierzig Minuten zwischen dem Erdbeben und dem Eintreffen des Tsunami«, schreibt Aldrich. »Während dieser Zeit haben Bewohner viele ältere Menschen buchstäblich aufgesammelt und aus gefährdeten niedrig liegenden Orten weggetragen. In Nachbarschaften, in denen Menschen sehr vertraut waren, klopften Leute an die Türen derer, die Hilfe brauchten, und eskortierten sie aus den gefährdeten Bereichen.«[122]

~

Wie wir uns in Katastrophenfällen verhalten, ist aber nur ein Grund dafür, dass stabile soziale Beziehungen unsere Lebenserwartung verlängern. Die Psychologin Holt-Lunstad hat die Ergebnisse ihrer Untersuchungen in einem TED-Talk zusammengefasst. Dort erzählt sie von einer Forschungsreise zu den »Blue Zones« – Regionen, in denen Menschen besonders alt werden. Bisher sind fünf solcher Gebiete bekannt: Ikaria in Griechenland, Okinawa in Japan, Ogliastra auf Sardinien, Loma Linda in Kalifornien und die Halbinsel Nicoya in Costa Rica.[123] In jeder von ihnen gehören Zusammenhalt, Gemeinschaft und Fürsorge fest zum Alltag der Bewohner*innen.

Eine Studentin, so erzählt Holt-Lunstad es in ihrem TED-Talk, fragte zu Beginn der Reise, warum jemand überhaupt 100 Jahre alt werden wolle. In ihrer Vorstellung war Altwerden vor allem mit Krankheiten und Schmerzen verknüpft. Vor Ort vermittelte sich dann ein komplett anderes Bild: Holt-Lunstad und ihr Team trafen einen Mann, der 105 Jahre alt war, jeden Tag Fahrrad fuhr, Gedichte schrieb und nach wie vor mit der lokalen Theatergruppe auftrat. Holt-Lunstad scherzte, sie wolle so werden wie er, wenn sie mal groß sei. Und verstand dann, dass sie dafür JETZT damit beginnen müsse, an ihren Beziehungen zu arbeiten und sie in den Mittelpunkt ihres Lebens zu stellen.[124]

Zu einem ganz ähnlichen Ergebnis kommt die bereits erwähnte längste Studie der Welt, bei der Forschende der Universität Harvard seit 1938 untersuchen, welche Faktoren zu einem langen – und erfüllten! – Leben beitragen. Ihr Fazit:

In all den Jahren der Studie hat sich ein Faktor als absolut entscheidend für die körperliche Gesundheit, die psychische Gesundheit und die Lebensdauer erwiesen: […] Erfüllende Beziehungen.[125]

Die Forschenden halten den Faktor für derart wichtig, dass sie die »gesamten 84 Studienjahre auf dieses eine Lebensprinzip, diese eine Investition im Leben eindampfen könnten«[126].

~

Die Studie begann vor mehr als 80 Jahren damit, das Leben von 268 männlichen Absolventen der Universität zu dokumentieren, die für eine vorangegangene Studie »der Besten und Schlausten«[127] ausgewählt worden waren (darunter John F. Kennedy)[128]; außerdem wurden Menschen mit deutlich ungünstigeren Startbedingungen untersucht: 456 sozial stark benachteiligte junge Männer aus den ärmsten Vierteln der Stadt Boston.

Ziel war nicht zu untersuchen, was uns Menschen schadet, sondern herauszufinden, was uns hilft – »ein für die damalige Zeit radikaler Ansatz«[129], wie die derzeitigen Leiter der Studie in ihrem Buch *The Good Life* schreiben. Einige der Fragen, die die Forschenden dabei beschäftigten: Was macht ein glückliches und erfülltes Leben aus? Können wir vorhersehen, wer aktiv und gesund altern wird und wer nicht? Welche Lebensstil-Entscheidungen gibt es, die damit zusammenhängen, wie alt wir werden? Welche Auswirkungen haben Ereignisse wie der Zweite Weltkrieg auf das Leben der Einzelnen? Hat die Qualität der Ehe der Eltern Einfluss auf die Ehe der Kinder? Welche Beobachtungen aus der Kindheit sagen die Gesundheit Erwachsener verlässlicher voraus – die der Eltern oder die der Kinder selbst?[130]

Regelmäßige Fragebogen per Post, Interviews per Telefon und alle 15 Jahre ein persönliches Treffen, »Aufzeichnungen persönlicher Abenteuer«[131] – wie die Forschenden es nennen –, aber auch Einsicht in Patient*innenakten, Blutproben, DNA-Proben, EKGs und MRTs, und sogar 25 Gehirne, die Teilnehmende der Studie nach ihrem Tod zur Verfügung stellten[132], haben zu einem reichen und detaillierten Bild davon geführt, wie ein gutes Leben gelingen kann. Nach und nach wurde die Studie mit den Partner*innen und Kindern der ursprünglichen Teilnehmer fortgesetzt. Mehr als 2000 Menschen aus drei Generationen haben bereits mitgemacht.

Die Ergebnisse können wir gewissermaßen als Kompass für unser eigenes Leben nutzen.

Die Empfehlung der Forschenden ist eindeutig: Wenn wir alt werden und bis dahin gesund leben wollen, lohnt sich nichts mehr, als Zeit für die Menschen um uns herum zu investieren. Oder wie Harriet Vaughn, eine 80 Jahre alte Studienteilnehmerin, auf die Frage nach dem Geheimnis des guten Alterns antwortete:

> *Zufriedenheit, sich kümmern. Darauf achten, was man isst. Rausgehen und spazieren gehen oder sich sonst ein wenig bewegen. Freunde haben. Es ist schön, Freunde zu haben.*[133]

Nicht nur Zeit mit unseren Partner*innen, Kindern, Familien, Freund*innen und Arbeitskolleg*innen zu verbringen, hilft uns. Sogar wenn wir mit Menschen ins Gespräch kommen, die wir vielleicht nie wiedersehen werden, tut das unserer Gesundheit gut. Im Zug oder der S-Bahn, beim Einkaufen, in der Arztpraxis. In ihrem Buch *The Good Life* geben die Studienleiter konkrete Tipps, wie es in den jeweils unterschiedlichen Beziehungen gelingen kann, eine tiefere Verbindung aufzubauen. Unterschiedliche Beziehungen, unterschiedliche Maßnahmen. Eine Sache taucht in den Tipps jedoch fast überall auf – Neugierde.

Wenn wir neugierig sind auf das, was unser Gegenüber fühlt und denkt, was er oder sie erlebt hat und von welcher Zukunft sie träumen, schaffen wir die Grundlage für eine tiefere Art von Gesprächen. Und die wiederum helfen uns dabei, unser Gegenüber besser kennenzulernen und mehr von ihm oder ihr zu erfahren. Der Tipp der Forschenden:

> *Versuchen Sie, sich in die Person hineinzuversetzen und sich vorzustellen, wie es ihr ergangen ist. Allein aus dieser Haltung heraus können spannende Gespräche entstehen, und Neugier kann ansteckend sein. Je mehr Sie sich für andere interessieren, desto mehr sind die anderen vielleicht an Ihnen interessiert.*[134]

Und:

> *Echte Neugier lädt die Menschen dazu ein, mehr von sich preiszugeben, was dazu führt, dass wir sie besser verstehen. Bei diesem Prozess gewinnen beide.*[135]

Überraschenderweise sei das besonders in langfristigen Beziehungen immer wieder entscheidend. Gerade bei Menschen, die wir schon länger kennen, so die Forschenden, hätten wir häufig den Eindruck, schon alles zu wissen oder die Person schon so gut zu verstehen, dass wir gar nicht mehr fragen, was er oder sie über eine bestimmte Sache denkt oder fühlt. Eine Dynamik, die dazu führen kann, dass wir veränderte Meinungen, Prioritäten, Wünsche oder Interessen schlichtweg verpassen – aus dem einfachen

Grund, weil wir glauben, die Person so zu gut zu kennen, dass wir ohnehin nicht mehr nachfragen müssen.

Wie genau diese Dynamik entsteht, lese ich in dem Buch *The Small Big*. Ein großer Teil unseres Wissens über eine Person würden wir zu Beginn einer Beziehung erlangen, weil wir in dieser Phase besonders motiviert seien, uns gegenseitig kennenzulernen. Mit der Zeit nehme diese Motivation jedoch ab, wir würden uns weniger austauschen und somit auch nicht mitbekommen, wenn sich die Präferenzen unseres Gegenübers verändern.[136] Dieser Effekt sei so deutlich, dass es sich nach Meinung der Autoren sogar lohnen würde, häufiger Gespräche zu führen, bei der eine dritte Person mit anwesend ist, die unser Gegenüber weniger gut kennt, und dementsprechend andere Fragen stellt, als wir selbst es tun würden.[137] Die Leitenden der Harvard-Studie hingegen empfehlen, gerade in langfristigen Beziehungen öfter, als es unser Reflex ist, Fragen zu stellen und zuzuhören.[138] Eben: neugierig zu sein. Oder wie sie selbst es nennen: sich im Erleben einer anderen Person zu verlieren.[139]

Ich selbst mache diese Erfahrung jede Woche, wenn mein Partner Nik und ich uns zum sogenannten Zwiegespräch verabreden. Wir sprechen im Wechsel zehn Minuten am Stück. Die eine Person spricht, die andere hört zu. Eineinhalb Stunden lang. Obwohl wir schon mehr als elf Jahre zusammen sind, extrem viel Zeit miteinander verbringen, eine Menge gemeinsam erlebt haben und die Zwiegespräche schon seit fast fünf Jahren machen – sprich: obwohl wir uns wirklich gut kennen! –, erfahre ich jede Woche aufs Neue Dinge, die mich überraschen.

Eine andere Übung schlägt die Professorin für Gesundheitsmanagement Marissa King vor: eine Person in unserem Umfeld zu fragen: »Wie fühlt es sich heute an, du zu sein?« – und dann zuzuhören, ohne zu unterbrechen, ohne Fragen zu stellen oder Ratschläge zu geben.[140]

Neben der Tatsache, dass wir unser Wissen über die andere Person updaten, führt neugierig sein, Fragen stellen und Zuhören laut der Harvard-Studie auch dazu, dass sich unser Gegenüber verstanden und wertgeschätzt fühlt.[141] Bei romantischen Partner*innen trage gegenseitige Neugier dazu bei, dass die Beziehung stabiler und dauerhafter sei.[142]

In weniger wichtigen Beziehungen, so die Erkenntnis der Forschenden, habe Neugier vor allem die Funktion, Fürsorge zu wecken und neue, noch zerbrechliche Bindungen zu stärken.[143] Anfangs, so die Autoren, mache neugierig sein aber durchaus Mühe. Es könne sich sogar hier und da merkwürdig anfühlen, Fragen zu stellen, in Situationen, in denen wir sonst gewohnt waren, zuzuhören oder zu schweigen.

~

Vielleicht hilft ja der Gedanke, dass wir uns mit unseren Fragen nicht nur um ein interessantes Gespräch bemühen, sondern gleichzeitig eben auch etwas für unsere Gesundheit tun. Schließlich kostet es die meisten von uns Überwindung, joggen zu gehen, zu meditieren oder sich gesund zu ernähren. Mir jedenfalls hat dieser Gedanke schon das ein oder andere Mal den entscheidenden Schubs gegeben, wenn ich mich zu müde, zu schüchtern oder einfach nicht interessiert genug gefühlt habe, um ein Gespräch anzuzetteln oder es am Laufen zu halten. Gut möglich, dass mir auch mein Beruf dabei hilft. Als Journalistin bin ich es schließlich gewohnt, Fragen zu stellen – und verschiedenen Menschen mit verschiedenen Lebenserfahrungen zuzuhören, war eigentlich immer schon das, was ich an meinem Beruf am liebsten mochte.

Trotzdem, wenn ich mich privat und nicht in meiner Rolle als Interviewerin, sondern einfach als Ronja unterhalte, ist die Situation eine andere. Dann muss auch ich mich überwinden und Mut sammeln und hoffen, dass ich mit meinem Interesse an meinem jeweiligen Gegenüber nicht abblitze. Je nach Tagesform ist das mal leichter, mal schwerer. Aber jedes Mal, wenn ich es schaffe, habe ich das Gefühl, direkt beschenkt zu werden.

Gerade in den Tagen, in denen ich dieses Kapitel schreibe, merke ich das deutlich. Es ist Dezember, und in dem Dorf, in dem wir leben, gibt es in diesem Jahr zum ersten Mal überhaupt einen lebendigen Adventskalender: Jeden Tag schmückt eine andere Familie ein Fenster, sodass bis Weihnachten 24 »Türchen« zusammenkommen. Ich hatte davon schon aus anderen Dörfern und Stadtteilen gehört und mir immer vorgestellt, dass es wahrscheinlich vor allem für Kinder spannend sei. Jetzt erlebe ich, welchen Effekt es für mich als Erwachsene hat.

Nicht nur, dass ich jeden Tag vor die Tür komme, frische Luft atme und spazieren gehe, fast jedes Mal treffe ich eine Person, die ich noch nicht kenne, und wir starten ein kurzes Gespräch. Mal ein paar Minuten, mal länger. Mal eher oberflächlich, mal tiefgründiger, mal unverbindlich, mal mit Anschluss-Einladung. Ob sich dank dieser Gespräche meine Lebenszeit verlängern wird, kann ich natürlich nicht wissen, aber an jedem Tag, an dem ich sie geführt habe, habe ich mich besser gefühlt also sonst, verbundener, lebendiger. Und das tatsächlich vollkommen unabhängig davon, WIE das Gespräch selbst verlaufen ist, wie spannend oder träge es war.

Natürlich hätte ich diese Gespräche auch ohne den Adventskalender führen können und werde das hoffentlich in Zukunft auch tun. Aber die Kalender-Aktion hat es mir leichter gemacht, einen Anlass gegeben und ein soziales Setting, in dem es mich weniger Überwindung kostet, Menschen anzusprechen, die ich bislang nicht kenne. Und noch etwas habe ich bemerkt: Mit jedem Gespräch, das ich führe, sammle ich ein bisschen mehr Mut für die nächste Situation, in der ich eine mir bis dahin fremde Person ansprechen will. Es ist, als würde ich einen Muskel trainieren: Je häufiger ich mich überwinde, Menschen anzusprechen, desto einfacher wird es. Tatsächlich merke ich schon nach drei Wochen Adventsfensterln einen Unterschied: Plötzlich fällt es mir in allen möglichen Situationen leicht, ein kleines Gespräch zu starten – auch ohne fixen Anlass wie bei der Adventsaktion.

Ist es das, was die Forschenden aus Harvard meinen, wenn sie von sozialer Fitness schreiben, die wir ebenso wie die körperliche trainieren können – und sollten?

Wahrscheinlich suche ich Situationen dieser Art etwas gezielter, seitdem ich nicht nur fühle, dass sie in meinem Leben etwas verändern, sondern auch die entsprechenden Forschungsergebnisse kenne, die mein Gefühl bestätigen. Aber gutgetan hat es mir schon immer.

Ich weiß noch, dass ich zu Beginn der Pandemie – ich lebte damals noch mitten in Hamburg – immer wieder kurze Gespräche mit der Kassiererin, dem Postboten oder anderen Spaziergehenden angezettelt und mich danach jedes Mal etwas weniger aufgewühlt gefühlt habe. Es kommt nicht darauf an, ob wir auf dem Land oder mitten in der Stadt leben, ob wir viel Zeit haben oder wenig. Wenn wir uns vornehmen, solche Minigespräche zu führen und nach Gelegenheiten danach suchen, werden wir sie finden. Die passenden Menschen dafür treffen wir überall – sobald wir es schaffen, aus der Wohnungstür zu treten.

Viele Menschen unterschätzen die Wirkung, die ein solches kurzes Gespräch haben kann. Bei einer Studie der University of

Chicago wurden Menschen, die mit den öffentlichen Verkehrsmitteln pendelten, gefragt, ob es sie ihrer Meinung nach glücklicher mache, eine Fahrt alleine und in Ruhe zu erleben oder sich dabei mit einer fremden Person auszutauschen. Die Mehrheit der Befragten schätzte, dass es sie glücklicher machen würde, ungestört zu bleiben. Tatsächlich war aber das Gegenteil der Fall. Die Forschenden beauftragten weitere Personen, einen Teil der Pendler*innen – die natürlich nicht eingeweiht waren – bei ihren nächsten Fahrten zu einem Gespräch aufzufordern. Die Mehrheit derjenigen, die angesprochen wurden und sich unterhielten, beurteilte die Fahrt danach positiver als gewöhnlich.[144]

Ganz ähnliche Ergebnisse lieferte eine Studie, bei der die Hälfte der Teilnehmenden aufgefordert wurde, beim Bestellen eines Kaffes ein paar Sätze mit den Bedienungen auszutauschen; die andere Hälfte der Teilnehmenden sollte ihre Getränke jeweils ganz normal bestellen. Auch hier zeigte sich: Schon wenige Sekunden Small Talk mit einer fremden Person können dazu führen, dass wir uns glücklicher fühlen.[145]

»Das Entscheidende ist«, heißt es in *The Good Life,* »dass Neugier uns dabei hilft, uns mit anderen zu verbinden, und diese Verbindung wiederum verbindet uns mehr mit dem Leben.«[146]

~

Eine Ahnung davon, wie das konkret aussehen kann, bekomme ich, wenn ich mit meiner ältesten Freundin zusammensitze: Aglaya. Sie ist 102 Jahre alt. Als wir uns kennengelernt haben, war sie 97, und wenn ich jetzt darüber schreibe, merke ich, dass es tatsächlich Neugier war, die uns zusammengebracht hat. Mein Partner Nik und ich waren damals für ein paar Wochen »probewohnen« auf dem Land. Wir spielten mit dem Gedanken, raus aus der Stadt zu ziehen. Da wir beide aber noch nie in einem Dorf gelebt hatten, dachten wir, es sei eine gute Idee, das Ganze erst mal zu testen. Also zogen wir für drei Wochen in eine kleine Wohnung, staunten über die Ruhe, fragten uns, ob so unser zukünftiges Leben aussehen könnte, und gingen jeden Tag mit unserem Hund Fuku auf den umliegenden Feld- und Waldwegen spazieren.

Bei einem dieser Spaziergänge trafen wir einen Mann aus dem Dorf, der uns sofort als »nicht von hier« erkannte und fragte, was wir hier machten. Als wir ihm von unserem Testleben erzählten, sagte er, bei einer guten Freundin im Haus werde gerade eine Wohnung frei, am besten wir gingen gleich mal hin.

Die gute Freundin war Aglaya, die Wohnung war bereits wieder vermietet, aber nach einem kurzen Minigespräch im Türrahmen lud der Mann uns drei zu einem gemeinsamen Essen zu sich nach Hause ein. Der Abend ist schon eine Weile her, ich erinnere mich nicht mehr an alle Details. Aber ich weiß noch, dass wir uns prächtig verstanden, dass Aglaya viele Fragen zu Hasib, unserem inzwischen erwachsenen Pflegesohn aus Afghanistan, hatte und dass ich vor allem beeindruckt war von der Tatsache, dass sie mit 97 Jahren jeden Tag frühmorgens zu einem nahe gelegenen See fuhr und schwimmen ging. Als wir uns spätabends verabschiedeten, lud Aglaya uns dazu ein, in den verbleibenden Tagen unseres Probewohnens bei ihr zur »Jause« vorbeizukommen. Wir hielten die Einladung eher für Höflichkeit als für ein ernsthaftes Versprechen und reisten ab, ohne Aglaya noch einmal gesehen zu haben.

Drei Jahre später – in denen ich immer wieder von Aglaya und ihrem frühmorgendlichen Schwimmen erzählte – hielt ich einen Brief von ihr in den Händen. Inzwischen waren wir aufs Land gezogen, ein paar Dörfer von Aglaya entfernt, und weil ich dazu ein paar Sätze in meinem damals gerade erschienenen Buch geschrieben hatte, hatte Aglaya davon erfahren. Sie schrieb mir, dass sie gerade ihren Geburtstag mit der merkwürdigen Zahl 100 gefeiert habe und ob da nicht noch eine Einladung zur Jause ausstände zwischen uns.

Ich antwortete sofort, und wir versuchten uns zu verabreden, aber bis der Brief jeweils wieder bei uns landete, waren die geplanten Termine bereits verstrichen. »Können wir vielleicht auf E-Mail umsteigen?«, schrieb Aglaya schließlich eines Tages. »Ist praktischer.« Sie hatte recht. Wir schafften es, uns zu verabreden, und seither sehen wir uns mindestens einmal im Monat. Jedes Mal, wenn wir zu ihr kommen – Aglaya wohnt alleine –, hat sie einen Kuchen gebacken oder Essen gekocht. Wir waren zusammen im Wald spazieren, weil Aglaya uns zeigen wollte, wie man so auf einen Ameisenhaufen klopft, dass Ameisensäure an den Händen klebt, die nicht nur speziell riecht, sondern auch die Nase frei macht und belebt. Wir haben zusammen Apfelstrudel gebacken, Thanksgiving gefeiert (Aglaya hat einige Jahre in den USA gelebt) und Nachmittage damit verbracht, Geduldsspiele zu lösen – beziehungsweise in meinem Fall, daran zu scheitern.

Bei einem dieser Treffen sagte Aglaya: »Ich sag den jungen Leuten immer, wenn sie mich um Tipps für Beziehungen fragen: Man muss sich *bemerkbar* machen.« Tagelang geht mir dieses Wort nicht mehr aus dem Kopf. Ich finde es eine gute Erinnerung daran, dass Freundschaften und Beziehungen nicht von selbst am Leben bleiben, dass wir aktiv etwas für sie tun können, aber dass es – nun ja – auch etwas geben muss, das man sich merken kann. Erinnerungen, Erzählungen, liebevolle Gesten oder gute Gedanken – ganz egal.

Als ich Aglaya beim nächsten Mal darauf anspreche und ihr erzähle, wie sehr mich ihr Wort beschäftigt hat, schmunzelt sie. »Ehrlich?«, fragt sie dann, »das hab ich gesagt? Ich hab eher das Gefühl, ich mach mich zu viel bemerkbar« und lacht. »Find ich überhaupt nicht«, sage ich. Und weiß trotzdem, was sie meint. Niemand sonst in meinem privaten Umfeld schreibt mir so regelmäßig, so bedacht, so lustig. Bei niemandem sonst freue ich mich so sehr, wenn eine neue Nachricht in meinem Postfach landet. Das macht Aglaya nicht nur bei mir.

Aglaya kennt, wie man so schön sagt, Gott und die Welt. (Als ich ihr diesen Satz vorlese, sagt sie: »Das stimmt nicht. Gott ist mir immer noch unbekannt, und die Welt kenne ich nur in kleinen Häppchen – schönen Häppchen!«) Jedes Mal, wenn wir Aglaya sehen, klingelt weiterer Besuch an der Tür. »Es ist wirklich interessant, 100 zu sein«, sagt sie einmal, nachdem sie vom Telefon zurück in die Küche kommt. »Immer wieder denken Menschen an mich.« Wenn wir überlegen, an welchem Tag wir uns verabreden können, hat sie nicht weniger Termine als ich. Regelmäßig stellt sie uns neuen Leuten vor, bei denen sie findet, die müssten wir unbedingt kennenlernen.

Als wir einmal einen Freund aus New York mitbringen und wir den Nachmittag über englisch sprechen, fragt Nik Aglaya, ob sie Arnold Schwarzenegger kennt, weil er ihr erzählen will, dass sie einen ganz ähnlichen Akzent haben, wenn sie englisch spricht. Und sie sagt: *»Arnold Schwarzenegger? Bei dem war ich mal auf einer Party eingeladen.«* Irgendwann frage ich Aglaya, wie sie das macht, dass sie immer so viele Leute kennenlernt und kennengelernt hat in ihrem Leben. »Ich hab da irgendwie immer Glück gehabt«, antwortete sie. Ich würde ergänzen: Glück und viele Fragen. Fast jedes Mal, wenn wir uns sehen, sagt sie: »Mir ist da noch was eingefallen, was ich von euch wissen will.« Oder: »Ich hab schon wieder viele Fragen an euch.« Oder: »Von dir will ich heute auch noch was wissen.« Und das will sie wirklich. Aglaya fragt nicht nur. Sie hört zu. Trotz ihrer Lebenserfahrung wirkt sie immer wieder überrascht von dem, was sie hört.

Nach 101 Jahren hätte ich sehr großes Verständnis dafür, wenn jemand sagt – oder zumindest denkt: Ach, hab ich alles schon gesehen. (Ich bin 37 Jahre alt und ertappe mich schon manchmal bei diesem Gedanken.) Aglaya ist das genaue Gegenteil. Sie will immer noch mehr wissen, je mehr wir erzählen. Und es scheint mir, sie verliert nie das Interesse daran, noch mehr Leute kennenzulernen.

Seit ich Aglaya regelmäßig sehe, also noch lange bevor ich die Details der Harvard-Studie kannte, habe ich mir vorgenommen, sie mir zum Vorbild zu nehmen und, solange ich es irgendwie schaffe, neugierig zu bleiben auf die Menschen, die es in dieser Welt noch für mich zu entdecken gibt. Inzwischen weiß ich, dass sie genau das vorlebt, was die Studienleiter Waldinger und Schulz gewissermaßen als ideale Gesundheits- und Altersvorsorge beschreiben: »Wer inmitten herzlicher Beziehungen lebt, schützt damit Geist, Seele und Körper.«[147]

~

Das wirklich Ermutigende an der Studie aus Harvard: Laut den Forschenden ist es nie zu spät, um mit dem Neugierigsein, dem Sichverbinden und dem Aufbauen oder Verbessern von Beziehungen anzufangen – ganz egal, an welchem Punkt in unserem Leben wir uns gerade befinden und unabhängig davon, was wir in der Vergangenheit erlebt haben oder was uns das Leben gerade vor die Füße wirft.

»Unser Naturell ist nicht unser Schicksal«, heißt es in *The Good Life*.[148]

> *Das Viertel, in dem wir aufgewachsen sind, besiegelt ebenso wenig unser Schicksal. [...] Nichts, was im Leben geschehen ist, schließt aus, dass wir uns mit anderen*

verbinden, dass es uns gut geht, dass wir glücklich sind. Wir denken häufig, dass das Leben mit dem Erreichen des Erwachsenenalters stagniere, dass sein weiterer Verlauf und unsere Lebensweise damit vorgezeichnet seien. Die Studien zur Entwicklung Erwachsener zeigen jedoch, dass das ganz und gar nicht stimmt. Entscheidende Veränderungen sind nach wie vor möglich.[149]

Ein besonders einprägsames Beispiel dafür ist das Leben von Andrew Dearing, einem Studienteilnehmer, der ohne Vater aufwuchs, in seiner Kindheit keine stabilen Freundschaften schloss und später eine Ehe einging, von der er selbst sagt, dass sie eine der größten Belastungen in seinem Leben gewesen sei. Glück fand er allein in seiner Arbeit: Uhren reparieren. Im Alter von Mitte 60 antwortete er in einem Fragebogen der Studie: »Die Arbeit hat mich am Leben erhalten. Der Ruhestand klingt und fühlt sich an wie das Ende des Weges. Ich würde gerne weiterarbeiten.«[150] Nach seinen engsten Freunden gefragt, antwortete er: »Da gibt es niemanden.« Und er schrieb: »Ich habe darüber nachgedacht, mein Leben zu beenden.«

Wenige Jahre später verloren seine Augen an Sehkraft, und er musste seine Arbeit beenden. Zu dieser Zeit startete er eine Therapie. Er trennte sich von seiner Frau, suchte sich eine eigene Wohnung und meldete sich – weil er sich einsam fühlte – in einem Fitnessstudio an. Nach drei Monaten kannte er alle Mitglieder des Clubs. Auf einmal hatte Andrew Dearing Freunde; nach und nach entdeckten sie sogar noch andere gemeinsame Interessen jenseits des Sports. Als die Forschenden Dearing zu dieser Zeit noch einmal fragten, wie er sein Leben einschätze, entschied er sich für »fast perfekt«. Und acht Jahre später – inzwischen achtzigjährig – antwortete er auf die Frage, wie oft er das Haus verlasse: »Täglich.«[151] Jahre zuvor war seine Antwort »Nie« gewesen.

Nun müssen wir nicht alle eine Therapie machen, unsere Beziehung beenden, umziehen und einen Vertrag im Fitnessstudio abschließen, um uns glücklicher zu fühlen. Was für Andrew Dearing funktioniert hat, funktioniert nicht automatisch für uns alle. Aber wir alle können uns überwinden und nach Wegen suchen, weniger einsam zu leben. Die Entscheidung dafür treffen wir jeden Tag aufs Neue – solange wir leben.

Wie lange und nachhaltig die Effekte von Freundschaft tatsächlich sein können, habe ich erlebt, als ich Aglaya eines Tages fragte, ob sie zufälligerweise einmal etwas von der Familie meiner Großmutter mitbekommen habe. Meine Oma war in ihrer Kindheit öfter zu Besuch bei ihren Großeltern, und die lebten im Nachbardorf von Aglayas Familie, wohlgemerkt, vor knapp hundert Jahren. Ich hatte mit meiner Frage keine großen Erwartungen verknüpft.

Meine Oma war gestorben, als ich neun Jahre alt war. Nahezu jede Information hätte mein Wissen über ihr Leben erweitert. Vielleicht war meine Hoffnung, dass Aglaya den Namen schon einmal gehört hatte oder ein, zwei Sätze sagen könnte zum Haus der Familie, ihrem Ruf, so etwas. Doch es kam anders. In dem Moment, in dem ich den Nachnamen meiner Oma aussprach, leuchteten Aglayas Augen auf. (Oder, wie Aglaya selbst später sagte: »Da hat mich der Blitz getroffen!«) »Sigrid und Inge!«, sagte Aglaya, ohne nachzudenken. »Meine besten Freundinnen aus meiner Kindheit.« Dann erzählte sie, wie sie zusammen im Garten meiner Vorfahren in der Laube gesessen und mit ihren Puppen gespielt hatten, im Hintergrund der Teich und ab und an die Großmutter meiner Oma in der Tür, nach den Kindern schauend.

Bei unserem nächsten Treffen schenkte Aglaya mir ein Kinderbuch: *Was die drei Bärenbrüder gemeinsam im Wald erlebten.* »Das war die erste Geschichte, die wir imstande waren, selbst zu lesen. Ich weiß noch, wie es sich angefühlt hat, das plötzlich zu können.« Wohlgemerkt: vor mehr als 90 Jahren. Die beiden hatten sich seit ihrer Kindheit nie wieder gesehen.

Natürlich war ich gerührt von all dem – umso mehr, weil ich selbst meine Oma nicht sehr gut kennengelernt hatte. Aber auch für Aglaya war der Moment ein besonderer. Sie erzählte mir später, sie habe sich gefühlt, als hätte meine Frage sie direkt in den Garten und in ihre Kindheit zurückkatapultiert. »Ich hab mich nicht erinnert – ich hab's noch mal erlebt. Ich war mittendrin.« Fast jedes Mal, wenn wir über diesen für uns beide unglaublichen Zufall sprechen, sagt sie: *»Ich hatte so lange nicht mehr daran gedacht. Ich frag mich, wo das alles gehortet war!«*

Mein Vater mistete zu dieser Zeit seinen Keller aus. Dabei fand er auch ein paar Kisten mit Sachen meiner Oma, die er seit Längerem nicht mehr in der Hand gehabt hatte. Beim Durchschauen fand er die Todesanzeige von Aglayas Mutter. Aglayas Name war fein säuberlich mit einem Lineal unterstrichen. Auch für meine Oma hatten die gemeinsamen Kindheitstage wohl bis kurz vor ihrem Tod noch eine wesentliche Bedeutung. Auch sie hatte ihre Freundin Aglaya nicht vergessen – mehr als 60 Jahre nachdem sich die beiden als Kinder das letzte Mal getroffen hatten.

Wie kann es sein, dass eine Freundschaft – noch dazu so eine verhältnismäßig kurze, von wenigen Jahren im Kindesalter – nach so vielen Jahrzehnten noch derart starke Gefühle auslöst? »Unsere Beziehungen sind in uns lebendig«, schreiben die Forschenden aus Harvard.

Der bloße Gedanke an einen Menschen, der uns wichtig ist, kann zu einer Ausschüttung von Hormonen und anderen Botenstoffen führen, die über das Blut zum Herzen, ins Gehirn und zu zahlreichen anderen Körpersystemen transportiert werden. Diese Effekte können ein Leben lang anhalten.[152]

Kurz nachdem Aglaya und ich unsere weit in die Vergangenheit zurückreichende Verbindung zufällig aufgedeckt haben, erzählte ich ihr, dass ich schwanger bin. Ein paar Tage später fing sie an, eine Kuscheldecke zu stricken – in Gedanken an das ungeborene Kind. »Immer, wenn ich gestrickt hab, war ich bei euch«, sagte sie später.

Ein paar Tage nach der Geburt unseres Kindes schenkte Aglaya ihm schließlich ihre Decke. In einem Brief, den sie dazugelegt hat, schreibt sie dem Baby: »Die Decke ist nicht perfekt. Wenn du genau hinschaust, entdeckst du ein paar Löcher. Du kannst deinen Finger durchstecken. Am anderen Ende kommt er dann wieder raus.« Und sie schreibt, dass sie mit seiner Urgroßmutter, seinem Großvater und seinen Eltern befreundet ist – und dass sie auch mit ihm, dem Neugeborenen, befreundet sein wird.

Hätten Aglaya und meine Oma als Kinder ahnen können, wie weit ihre Freundschaft reichen wird? Dass das Urenkelkind der einen sich Jahrzehnte nach deren Tod mit der anderen anfreunden und in ihrem Schoß liegen wird? Natürlich nicht. Aber wir, die diese Geschichte erlebt haben, wir dürfen es wissen: Freundschaft kann magisch sein. Sie kann unser Leben nicht nur verändern und verlängern. Sie kann unser Leben sogar überdauern.

EXPERIMENTE FÜR DEN ALLTAG

- Überlegen Sie, wo und wie Sie kurze Minigespräche mit bisher unbekannten Menschen führen können – und dann: Trauen Sie sich! Wenn es Ihnen schwerfällt, sich zu einer Unterhaltung zu überwinden, hilft es vielleicht, sich vorher Fragen zurechtzulegen.

- Beobachten Sie sich selbst: Wie fühlen Sie sich während der Gespräche? Verändern die Gespräche, wie Sie Ihren Tag wahrnehmen? Wenn ja – inwiefern?

- Sobald Sie sich etwas ans Leuteansprechen gewöhnt haben, versuchen Sie eine Routine aufzubauen. Vielleicht wagen Sie sich an eine Challenge und versuchen eine Woche lang, jeden Tag eine neue Person anzusprechen? Oder sogar einen Monat?

When you feel alone,
don't look within,
look out and look beyond
for others who feel the same way,
for there are always others,
and if you can connect with them
and with their story,
you will be able to see
everything in a new light.

ELIF SHAFAK

FÜNF:

WARUM ES UNS (MANCHMAL) SCHWERFÄLLT, NEUE MENSCHEN IN UNSER LEBEN ZU LASSEN – UND WIE WIR DAS ÄNDERN KÖNNEN

Hamburg, Speicherstadt, Herbst 2019. Mein Partner Nik und ich klingeln an der Tür eines Hinterhauses und warten dann etwas aufgeregt, etwas nervös darauf, eingelassen zu werden. Unsere erste Stunde bei einer Paartherapeutin. Wir wissen weder, was noch wer uns erwartet. Die Therapeutin haben wir online gefunden und uns für sie entschieden, weil auf ihrer Webseite ein Zitat stand, das wir kurz davor bei einer Wanderung in einer Bank eingeschnitzt gelesen hatten: »Ein Weg entsteht, wenn man ihn geht.« Genau deswegen sind wir hier. In letzter Zeit sind wir immer häufiger aneinandergeraten. Unsere Streite fühlen sich an wie eine Spirale, in die wir, ohne es zu wollen, sehr schnell rein-

und viel zu langsam rausgeraten. Wir suchen also nicht nur nach einem neuen Weg, sondern auch nach Hilfe.

Die Therapeutin begrüßt uns freundlich und gut gelaunt. Wir setzen uns auf zwei bequeme Sessel, und sie beginnt zu fragen. Was uns herführt. Wie unsere letzten Monate so aussahen, unsere letzten Jahre. Wir erzählen, was wir alles erlebt haben, von Arbeitsprojekten, wenig Urlaub, von vielen neuen Aufgaben und viel Verantwortung. Die Therapeutin hört eine Weile zu, dann unterbricht sie uns. »Das klingt, als wärt ihr ziemlich lange wie in einem ICE mit 300 km/h unterwegs gewesen. Ich habe einen Vorschlag: Wie wäre es, wenn ihr ein halbes Jahr lang gar nicht arbeitet?« Mir schießen Tränen in die Augen. Bevor wir hierhergekommen sind, war mir nicht klar, wie sehr ich eine Pause brauchte. Jetzt merke ich es sofort. Als ich zu meinem Partner schaue, sehe ich, dass es ihm genauso geht.

Am Ende der Stunde ist es beschlossene Sache: Sechs Monate keine Arbeit – wir wollen das Experiment wagen. »Ich hätte genauso gut ein Jahr vorschlagen können«, sagt die Therapeutin, doch so lange reichen unsere Ersparnisse nicht. Aber sechs Monate, das könnten wir hinkriegen. Zurück an der frischen Luft, fühlen wir uns beschwingt. Wir sind erleichtert und aufgeregt und machen ein paar Fotos am Kanal, um den für uns geschichtsträchtigen Moment festzuhalten. Und dann geht es los.

Zuerst wissen wir nicht ganz, was wir mit uns und der vielen freien Zeit anfangen sollen. In die anfängliche Aufbruchsstimmung mischt sich ein neues Gefühl: Angst. Meine Arbeit war so lange ein großer Teil meiner Identität, dass ich mich sorge, nicht viel anderes zu finden, wenn ich damit aufhöre. Und tatsächlich stehen wir die ersten Tage etwas ratlos vor unserem großen Haufen neu gewonnener Zeit. Zwei Nachmittage lang schauen wir unsere damalige Lieblingsserie *This is us* – tagsüber Fernsehen schauen, wann haben wir das zuletzt gemacht? Dann fangen wir an, uns in Bewegung zu setzen. Wir lernen Kochen, zelebrieren jede Mahlzeit, gehen ein Mal am Tag spazieren, treffen Freund*innen und haben dabei mehr Zeit als für ein schnelles Update bei Kaffee und Kuchen oder einem Bier. Wir buchen einen Meditationskurs, machen Yoga und lesen viel.

An manchen Tagen kommen wir uns vor wie wandelnde Klischees, gleichzeitig merken wir, wie gut uns das Ganze tut. Uns beiden als Individuen, als Eltern unseres inzwischen volljährigen Pflegesohns, als Paar. Als ich meinem Vater gegenüber damals einmal scherze, dass wir jetzt auch in Rente seien, sagt er: »Na, das noch nicht, aber zumindest im Ruhestand!«

Wir haben es tatsächlich geschafft, unsere Welt ein wenig anzuhalten – die Zeit verstrich langsamer. Passenderweise stieß ich damals auf das Buch *Nichtstun* der Aktionskünstlerin Jenny Odell. Darin schreibt sie:

> *Ich betrachte das »Nichtstun« nicht nur als eine Art*
> *Mittel zur Entprogrammierung, sondern auch als*
> *Stärkung für diejenigen,*
> *die sich zu zerfahren fühlen, um sinnvoll zu handeln.*[153]

Irgendwann in dieser Zeit reiste mein Partner nach Andalusien, um einige Wochen auf das Haus unserer Freundin Caroline aufzupassen. Als er am Ende dieser Zeit in der kleinen Ortschaft zum Community-Yoga in einer großen Jurte ging, fragte ihn eine Frau, was er denn so gemacht habe in den letzten Wochen. Absolut gar nichts, antwortete er. »Oh, wirklich? Gar nichts?«, fragte die Frau erstaunt nach. Und als mein Partner antwortete, er habe nur im Garten gewerkelt, die Hühner versorgt, gekocht, gebacken, sei spazieren gegangen und habe gelesen, sagte sie: »Ach so! Du meinst gar nichts, was mit Arbeit zu tun hat!« Im Nachhinein mag das banal klingen, aber bis zu diesem Zeitpunkt war uns nicht klar gewesen, dass das tatsächlich zwei verschiedene Dinge sind. Später lese ich einen Artikel der Schriftstellerin Toni Morrison, in dem sie die ganze Sache auf den Punkt bringt: »Du bist nicht der Job, den du hast, du bist die Person, die du bist.«[154]

Knapp sechs Monate nach unserem Termin in der Hamburger Speicherstadt – unser halbes Jahr war fast vorbei – begann Corona. Unsere Auszeit wurde verlängert, von einem Ausnahmezustand schlitterten wir direkt in den nächsten. Zuerst machte uns die ganze Sache etwas Angst. Schließlich hatten wir mit unseren Ersparnissen nur für ein halbes Jahr kalkuliert. Doch schon bald merkten wir, wie dankbar wir für unseren Leerlauf waren. Mehrere Menschen in unserem Bekanntenkreis beschrieben uns, wie schwer es ihnen fiel, von 100 Prozent Arbeit mit einem Mal auf null runterzuschrauben, und wir waren sicher, es wäre uns ähnlich gegangen. Stattdessen waren wir inzwischen Profis im Nichtstun geworden, im Langsamsein, im Von-Tag-zu-Tag-Leben. Als der Lockdown startete, waren wir darin so routiniert, dass wir all unsere Kraft direkt darauf verwenden konnten, uns mit anderen zu verbinden. Telefonate mit der Großfamilie, Spielenachmittage online mit Neffen und Nichten, Happy Hour mit Freund*innen aus der Kindheit und eben eine neue Fenster-Tradition in unserer Nachbarschaft (mehr dazu in Kapitel sieben).

Was hat das alles mit Einsamkeit zu tun? Egal, wie unser Alltag aussieht, welchen Job wir machen, wo wir leben: Wenn wir uns mehr Verbundenheit wünschen, brauchen wir dafür Zeit – ausgerechnet! Die Ressource, die bei den meisten von uns heute zumindest gefühlt die knappste ist. Wir brauchen die Zeit nicht nur, um uns treffen zu können. Wir brauchen sie auch, weil es uns, wenn wir gestresst sind, deutlich schwerer fällt, mit den Menschen um uns herum mitzufühlen.

~

Ist es Charaktersache, ob wir mit anderen Menschen mitfühlen und ihnen helfen, oder nicht? Diese Frage stellten sich in den Siebzigerjahren auch Forschende der Princeton-Universität. Für die bis heute viel zitierte Studie *Von Jerusalem nach Jericho* luden sie Teilnehmende eines Priesterseminars zu einem Test ein. Die Hälfte der Teilnehmenden wurde beauftragt, einen kurzen Vortrag über die Parabel vom guten Samariter zu halten, die andere Hälfte sollte über aktuelle Jobaussichten für Theologen sprechen.

Auf dem Weg zum vermeintlichen Vortragsort trafen die Teilnehmenden jeweils auf einen verwahrlost wirkenden Mann – jemanden, der also genau wie in der Parabel vom Samariter Hilfe brauchte. Wer von ihnen half und wer nicht?

Wie sich herausstellte, war entscheidender als alle anderen Faktoren, wie viel Zeit die Teilnehmenden hatten. Von jenen, denen zuvor gesagt worden war, sie seien spät dran, halfen nur zehn Prozent. Von denjenigen, die ohne Eile unterwegs waren, halfen 63 Prozent. Das Thema des Vortrags spielte keine nennenswerte Rolle. In mehreren Fällen seien die Priesterkandidaten sogar über den hilfsbedürftigen Mann hinweggestiegen, nur um nicht zu spät zu ihrem Vortrag über den barmherzigen Samariter zu kommen. Die Forschenden folgern:

> *Es ist schwer, daraus nicht abzuleiten, dass die häufig zitierte Erklärung, ethisches Verhalten entwickle sich in unserem immer schneller werdenden Leben zum Luxus, mindestens eine zutreffende Beschreibung ist.*[155]

Wohlgemerkt: Die Studie stammt aus den Siebzigerjahren. Die Geschwindigkeit, mit der wir heute unseren Alltag bestreiten, dürfte sich im Vergleich zu damals noch mal deutlich beschleunigt haben. Wenn unser Leben hauptsächlich von Lohnarbeit und Zeitstress bestimmt ist, sind die Möglichkeiten, uns abseits davon mit anderen zu verbinden, empathisch zu reagieren oder sogar Mühen auf uns zu nehmen, um zu helfen, entsprechend gering.

Diese Erfahrung machte auch die Community-Expertin Radha Agrawal, als sie kurz nach ihrem dreißigsten Geburtstag beschloss, Freundschaften in ihrem Leben mehr zu priorisieren. Sie schreibt:

> *Ich stellte fest, dass ich das vergangene Jahrzehnt hindurch das Freundschaftenschließen in die Kategorie »Wenn ich dafür Zeit habe« sortiert hatte. Arbeit kam immer an erster Stelle und Freunden abzusagen, war völlig normal.*[156]

Die Professorin für Gesundheitsmanagement Marissa King sieht in Erkenntnissen wie dieser einen wichtigen ersten Schritt, um an uns selbst zu arbeiten. Anstatt uns dafür fertigzumachen und uns schuldig zu fühlen, wenn wir in einer Situation wenig mitfühlend reagiert haben, sollten wir die Gelegenheit nutzen, um bestimme Stressoren zu analysieren, die unser Verhalten beeinflusst haben, und dann in einem zweiten Schritt versuchen, diese zu verändern – oder anders mit ihnen umzugehen. »Unsere Trigger zu beachten, kann ein sinnvoller Startpunkt für persönliches Wachstum sein«, schreibt King.[157]

Natürlich ist es ein Privileg, dass mein Partner und ich damals auf unsere Trigger eingehen und uns unseren »Ruhestand« gönnen konnten. Wir waren selbstständig und entsprechend flexibel, und wir hatten ein wenig Erspartes, das wir aufbrauchen konnten. Längst nicht alle Menschen sind in so einer Situation, und auch ich selbst war davor und danach nicht immer in der Lage, mir so eine Pause leisten zu können. Gleichzeitig gibt es Menschen, die es sich leisten könnten, weniger zu arbeiten – es vielleicht sogar wollen und es trotzdem nicht tun. Jenny Odell schreibt dazu:

> *[Es] gibt sehr viele Menschen, denen das Projekt, Tag für Tag zu überleben, keine Aufmerksamkeit mehr für irgendetwas anderes übrig lässt; das ist auch Teil des Teufelskreises. Deshalb ist es sogar noch wichtiger, dass jeder, der einen Spielraum hat – und sei er auch noch so klein – von ihm Gebrauch macht, um immer weitere Spielräume zu eröffnen. Winzige Räume können kleine Räume erschließen, und kleine Räume können größere öffnen. Wenn man es sich leisten kann, eine andere Art von Aufmerksamkeit zu mobilisieren, dann sollte man das tun.*[158]

Die Frage nach dem Geld ist dabei nur eine von mehreren. Ich selbst habe damals erst verstanden, wie sehr Arbeit mit meiner Identität verknüpft war, wie schwer es mir fiel, eine Ronja zu denken, die sich nicht vor allem mit Recherchieren und Geschichten erzählen beschäftigt. Die ersten Tage geriet ich mehrfach in Panik bei der Vorstellung, ab jetzt »nichts« zu tun.

Umso mehr hat die Auszeit damals mein Leben bereichert. Ich habe gemerkt, um wie viel mehr ich mich mit anderen verbinden kann, wenn ich nicht die ganze Zeit nur über Arbeit nachdenke oder ihr nachkomme. »Wir wissen, dass wir in komplexen Zeiten leben, die komplexe Gedanken und Gespräche erfordern«, schreibt Odell, »und diese wiederum benötigen genau die Zeit und den Raum, den man nicht hat. […] In einem unaufhörlichen Kreislauf, in dem Kommunikation verkümmert und Zeit Geld ist, sind die Momente, in denen man sich davonstehlen kann, rar, und die Möglichkeiten, zueinanderzufinden, noch rarer.«[159]

Und noch etwas hat sich damals verändert: Anstatt mir vorzunehmen, über die Jahre immer mehr Geld zu verdienen, habe ich mir vorgenommen, über die Jahre immer weniger Zeit mit Lohnarbeit verbringen zu müssen.

Was es uns gesellschaftlich bringen kann, wenn wir weniger Zeit mit Arbeit verbringen, zeigt ein Blick auf Studien, die die Wirkung der Viertagewoche erforscht haben. Die Ergebnisse sind eindeutig: weniger Stress und Burn-out, bessere Work-Life-Balance, gleichberechtigtere Aufteilung der Care-Arbeit zu Hause, stabilere mentale Gesundheit und mehr gesellschaftliches Engagement.[160] Der Bedarf dafür ist groß. Laut einer Studie der Hans-Böckler-Stiftung aus dem Jahr 2023 befürworten 81 Prozent der Menschen in Deutschland eine Verkürzung der Arbeitszeit.[161] Mehr als die Hälfte der Menschen fühlte sich 2022 gestresst.[162]

In dem Buch *Pandemic Solidarity*, das Reaktionen auf die Covid-Krise aus aller Welt zusammengetragen und gesammelt hat, kommen die Autor*innen zu dem Schluss: »Menschen genug Zeit und Raum zu geben, erlaubt ihnen, an andere zu denken. Sie wollen sich unbedingt mit anderen verbinden und ihnen helfen.«[163]

Die Forschenden der Hans-Böckler-Studie formulieren es noch deutlicher: »Zeit für Muße hat damit einen besonderen Stellenwert für gesellschaftlichen Zusammenhalt und die Stabilität von Demokratie.«[164]

Wenn wir wissen, dass die meisten Menschen einerseits weniger empathisch reagieren, wenn sie gestresst sind, und andererseits mehr Zeit mit anderen verbringen, sobald sie insgesamt mehr Zeit haben, wissen wir auch, was wir tun können, um uns wieder verbundener miteinander zu fühlen. Wir können damit beginnen, nicht all unsere Zeit in Arbeit zu investieren. Wann, wie und wo immer es uns gelingt, Zeit freizumachen von beruflichen Verpflichtungen, schaffen wir damit einen ersten großen Schritt zu mehr Verbundenheit. Das gilt für uns als Einzelne genauso wie für uns als Gesellschaft.

Wenn wir uns für Viertagewoche, bedingungsloses Grundeinkommen und andere Maßnahmen einsetzen, die Menschen davon befreien, Lohnarbeit zum alleinigen Lebensmittelpunkt zu machen, erhöhen wir auch die Chancen, dass wir als Gesellschaft zusammenwachsen – und zwar alle, auch diejenigen, die gerade nicht das Privileg eines mehrmonatigen Ruhestands oder von Teilzeitarbeiten haben. Wir können Freiräume schaffen. Und wir können heute damit anfangen.

Für manche von uns mag das heißen, ein Sabbatjahr zu planen. Für andere heißt es vielleicht, sich hin und wieder einen Nachmittag freizunehmen, weniger Überstunden zu machen oder nach Feierabend über andere Dinge als Arbeit nachzudenken und zu sprechen. Egal, wie unsere Freiräume jeweils aussehen, sie alle sorgen dafür, dass wir besser zueinanderfinden und uns wieder näherkommen.

~

Und noch etwas können wir tun, um uns trotz der Tatsache, dass wir so viel Zeit mit Arbeit füllen, verbundener zu fühlen. Wir können die Verbundenheit in unserem Arbeitsalltag suchen. Die Forschenden der Harvard-Studie beschreiben Arbeit als einen wichtigen Ort für Sozialisierung und Verbindung – selbst dann, wenn wir gerade überhaupt keine Lust darauf haben.[165]

Wir können damit beginnen, uns eine Reihe von Fragen zu stellen:

> *Mit wem bei der Arbeit habe ich am meisten Spaß? Wen schätze ich am meisten wert? Was schätze ich an diesen Menschen wert? Mache ich ihm meine Anerkennung deutlich? Wer ist auf irgendeine Art und Weise anders als ich? (Wer denkt anders, hat einen anderen Hintergrund, hat ein anderes Fachwissen?) Was kann ich von dieser Person lernen? Wenn ich einen Konflikt mit einem Kollegen oder einer Kollegin habe, was kann ich dann tun, um ihn zu mildern? […] Welche Art von Kontakt vermisse ich bei der Arbeit? Wie könnte ich solche Verbindungen oder Kontakte schaffen? Wie gut kenne ich meine Kolleginnen und Kollegen? Gibt es jemanden, den ich gern besser kennen würde? Wie kann ich Kontakt zu dieser Person aufnehmen?*[166]

Der Psychologie-Professor Adam Grant hat noch einen anderen Vorschlag. Er empfiehlt, bei Kolleg*innen, die wir noch nicht besonders gut kennen, nach ungewöhnlichen Gemeinsamkeiten zu suchen, beispielsweise einer Serie, die außer uns fast niemand gut findet, einem Lieblingsessen, das sonst fast niemandem schmeckt, oder einem Hobby, das wir teilen, von dem die anderen hingegen noch nie gehört haben. Um diese Gemeinsamkeiten zu entdecken, schlägt er vor, nicht einfach nur zu fragen: »Was ist deine Lieblingsserie?«, sondern sich als Antwort auf die Frage eine kurze Liste zu machen, mit vielleicht fünf oder zehn Antworten – sodass auch ungewöhnliche Gemeinsamkeiten Platz finden können.[167]

Wenn wir uns im beruflichen Kontext auf die Suche nach Verbündeten machen, bedeutet das nicht, dass Arbeit noch mehr Platz in unserem Leben einnehmen soll. Es geht darum, die Zeit, die wir ohnehin mit Arbeit verbringen, gemeinschaftlicher zu erleben. Je mehr wir in soziale Beziehungen in unserem Arbeitsumfeld investieren, desto mehr gewinnen wir in unserer Arbeitszeit für uns persönlich. Auch wenn Arbeit (hoffentlich!) nicht unser ganzes Leben ist – sie gehört zu unserem Leben mit dazu und damit auch zu unseren Möglichkeiten, uns mit anderen zu verbinden. »Wenn wir eine Gesellschaft haben wollen, in der Menschen auch diejenigen verstehen, die anders sind als sie selbst, dann werden diese Veränderungen sehr wahrscheinlich an unseren Arbeitsplätzen beginnen«, schreibt die Professorin Marissa King.[168]

Das zu fördern, lohnt sich übrigens auch für Arbeitgeber: Studien zeigen, dass Menschen, die in ihrem Arbeitsumfeld Freund*innen haben, nicht nur zufriedener sind, sondern auch produktiver und engagierter arbeiten.[169]

Dass so viele von uns häufig gestresst sind und sich so fühlen, als hätten sie nie Zeit, liegt aber nicht nur daran, wie viele Stunden wir mit Arbeit verbringen, sondern daran, wie vollgepackt unsere restliche Zeit ist. Kurz: worauf wir unsere Aufmerksamkeit lenken.

~

Auch Jenny Odells Buch *Nichtstun*, das ich während unserer Auszeit las, beschäftigt sich mit dieser Frage. Odell beschreibt, wie wir es schaffen können, uns dem zu entziehen, was sie »Aufmerksamkeitsökonomie« nennt:

> *Medienunternehmen, die versuchen, miteinander Schritt zu halten, veranstalten eine Art »Dringlichkeits-Wettrüsten«, das unsere Aufmerksamkeit missbraucht*

> *und uns keine Zeit zum Denken lässt. Das Ergebnis ist so etwas wie die Taktik des Schlafentzugs zur Folter von militärischen Gefangenen, nur eben in größerem Stil.*[170]

Vermutlich empfinden die meisten es nicht als Folter, wenn sie am Handy sind, Social-Media-Kanäle checken oder Push-Nachrichten lesen. Dennoch sind die Auswirkungen deutlich.

Eine Überblickstudie aus dem Jahr 2020 kommt zu dem Schluss, dass unser Level von Abhängigkeit von Sozialen Medien sowie die Zeit, die wir dort verbringen, Risikofaktoren sind für Angstzustände und Depressionen. Außerdem erhöhen Soziale Medien tendenziell den Druck, das eigene Leben in genau den Stereotypen darzustellen, die andere sehen wollen, um genauso beliebt zu sein, wie andere es (vermeintlich) sind. Die Forschenden schreiben: »Manche Jugendliche geraten in Angstzustände durch Soziale Medien, verbunden mit Verlustängsten, was dazu führt, dass Jugendliche versuchen, sehr regelmäßig die Nachrichten von ihren Freunden zu lesen und zu beantworten.«[171]

Es ist also nicht nur die Zeit, die wir im Netz verbringen und die uns anderswo fehlt: 2022 waren Jugendliche in Deutschland durchschnittlich 63,7 Stunden pro Woche online.[172] Es ist auch der ständige Vergleich mit anderen, der uns zu schaffen macht und dazu führt, dass wir uns weniger zugehörig fühlen. Radha Agrawal schreibt in ihrem Buch *Belong*:

> *Wir können alle Anlässe sehen, zu denen wir nicht eingeladen wurden, und es kann wehtun, wenn es sich um Freunde handelt, die uns wichtig sind. Das ist der Grund dafür, warum Studien gezeigt haben, dass es uns unglücklich macht, durch Soziale Medien zu scrollen. Studien haben auch gezeigt, dass unser Gehirn Schmerz,*

der durch Ablehnung entsteht, auf die gleiche Weise verarbeitet wie körperliche Schmerzen.[173]

Sogar in der Offline-Welt beeinflussen unsere Handys, wie wir uns verhalten, und zwar selbst dann, wenn wir sie gerade überhaupt nicht benutzen. Wir lächeln Fremde weniger an, wenn wir unser Smartphone dabeihaben.[174] Wir bewerten gemeinsam verbrachte Zeit – zum Beispiel beim Essen – deutlich negativer, wenn ein Handy beim Essen auf dem Tisch liegt.[175] Wir fühlen uns weniger verbunden und weniger gut verstanden, wenn während eines Gesprächs das Handy unseres Gegenübers in Sichtweite ist.[176] Und wenn unser*e Partner*in in unserer Gegenwart häufig am Handy ist, führt das nicht nur zu mehr Konflikten und Unzufriedenheit in der Beziehung, sondern erhöht auch das Risiko, an einer Depression zu erkranken.[177]

»Selbst dann, wenn sie nicht aktiv genutzt werden, vibrieren, piepsen, klingeln oder aufleuchten, repräsentieren [digitale Geräte] die sozialen Netzwerke der Anwesenden und sind ein Tor zu einer riesigen Ansammlung von Informationen«, schreiben die Autor*innen einer Studie namens *Der iPhone-Effekt*.

Ihre bloße Anwesenheit […] birgt daher das Potenzial, die Aufmerksamkeit zu zerteilen zwischen der nahen, unmittelbaren Umgebung und den physisch entfernten und unsichtbaren Netzwerken und Kontexten.[178]

Darüber hinaus beeinflussen soziale Medien, auf welche Art wir überhaupt nach Verbindung zu anderen suchen. Dass wir immer abhängiger von unseren Handys werden, führt dazu, dass wir weniger interessiert daran sind, tiefergehende Beziehungen einzugehen und stattdessen mehr Zeit investieren, neue Follower und

Likes zu generieren, um das zu füttern, was Radha Agrawal »Ding Addiction« nennt. Sie schreibt:

> *Technologie hat uns so weit getrieben in Richtung Isolation und individuelle Gewinne (Followers! Likes!).*[179]

und

> *Es ist ein Teufelskreis, angeführt von den App-Entwicklern, Marketing-Leuten und Werbetreibenden; einer, aus dem wir aktiv (NICHT sanft!) aussteigen müssen.*[180]

Wie das funktioniert? Die britische Ökonomin Noreena Hertz hat sich mit dieser Frage beschäftigt. In ihrem Buch *Das Zeitalter der Einsamkeit* fordert sie staatliche Maßnahmen, um uns von den Bildschirmen wegzubekommen, und schlägt in Anlehnung an Warnhinweise auf Zigarettenwerbung Pop-ups vor, die beim Öffnen der jeweiligen Plattformen vor den Folgen von Onlinekonsum warnen.[181] Außerdem denkt sie über ein Verbot von suchterzeugenden Medien für Kinder unter 16 Jahre nach.

> *Die Social-Media-Plattformen sollten in der Pflicht stehen, stichhaltige wissenschaftliche Belege dafür zu liefern, dass ihre Nutzung bei Kindern nicht zur Abhängigkeit führt. […] Damit wäre es an den Betreibern der Plattformen, entweder neue, weniger suchterzeugende Social-Media-Arten zu entwickeln, oder suchterzeugende Elemente wie Likes, Streaks*

oder den Endlos-Scroll zu entfernen, wenn sie dennoch jüngere Altersgruppen erreichen wollen.[182]

Unvorstellbar? Hertz verweist darauf, dass auch die 1989 eingeführte Anschnallpflicht für Kinder auf dem Rücksitz in Großbritannien zunächst für große Empörung sorgte.[183] Und sie geht noch weiter: Tech-Unternehmen sollten durch eine Art »Fürsorgepflicht« gesetzlich verpflichtet werden, dafür zu sorgen, dass ihre Plattformen bei ihren Kund*innen keinen erheblichen Schaden verursachen; so wie Arbeitgeber verpflichtet sind, dafür zu sorgen, dass ihre Mitarbeitenden in einer sicheren Umgebung arbeiten.[184]

Wenn wir als Einzelne etwas ändern wollen, schlägt Hertz einen Trick aus dem Kontext von Nikotinsucht vor: Wir können bei einer Vertrauensperson eine bestimmte Summe Geld hinterlegen, die wir erst zurückbekommen, wenn wir für einen bestimmten Zeitraum, beispielsweise ein halbes Jahr, unsere Ziele zu unserem Handykonsum gehalten haben.[185]

Als ich Hertz' Vorschlag lese, erinnere ich mich an einen Tipp, den ich vor ein paar Jahren einmal gelesen habe: Ein Unternehmer beschrieb, dass er eine*n Mitarbeiter*in bittet, jede Woche die Passwörter seiner Social-Media-Accounts zu ändern und sie ihm nur zu bestimmten Zeiten zu geben. Ich selbst habe noch nie jemandem eine Kaution bezahlt oder darum gebeten, meine Passwörter zu ändern. Aber ich habe in den letzten Jahren mit anderen Mitteln experimentiert, um die Zeit zu reduzieren, die ich in Sozialen Medien verbringe.

Ich habe sämtliche Apps von meinem Handy gelöscht, die jeweiligen Accounts nur noch in meinem Browser geöffnet und mich nach der Benutzung jedes Mal wieder von den Plattformen abgemeldet – zumindest konnte ich so den Automatismus unterbrechen, dass ich mich, ohne es wirklich zu merken und zu wollen, plötzlich scrollend auf Facebook, Twitter oder Instagram wiederfand. Ich habe angefangen, mir bildschirmfreie Zeiten zu setzen, anfangs eine Stunde, später deutlich mehr. Phasenweise habe ich mein Handy am Wochenende sogar komplett ausgeschaltet.

Auf Dauer am meisten geholfen hat mir die App *Minimalist Phone*, die den optischen Suchtfaktor der verschiedenen Apps reduziert: Statt lauter bunter Icons wird mir auf meinem Handy jetzt nur ein schwarzer Hintergrund angezeigt, auf dem in weißer Schrift die verschiedenen Apps aufgelistet sind. »*Handysucht kann deine körperliche und mentale Gesundheit beeinträchtigen, deine Beziehungen und deine Produktivität*«[186], beschreiben die Entwickler von *Minimalist Phone* den Nutzen ihrer Anwendung.

Abschalten ist aber nicht nur eine Frage von Willensstärke, klugen Taktiken und praktischen Apps. Abschalten ist ein Privileg. Man muss es sich leisten können, offline zu gehen. Die Kommunikationswissenschaftlerin Laura Portwood-Stacer hat das Nichtnutzen von Sozialen Medien erforscht. Sie schreibt in diesem Zusammenhang: »Vielleicht steht diese Verweigerung als Taktik nur Menschen zur Verfügung, die bereits eine Menge soziales Kapital besitzen, Menschen, deren soziale Stellung auch ohne Facebook erhalten bleibt, und Menschen, deren Existenzgrundlage von ihnen nicht verlangt, konstant online und erreichbar zu sein.«[187]

Ich selbst bin monatelang immer wieder gedanklich und physisch um den Button gekreist, der meinen Twitter-Account löschen würde. Was, wenn ich etwas verpasse? Was, wenn ich es bereue? Was, wenn ich dadurch eine Ressource – die Aufmerksamkeit der anderen – ungenutzt lasse? Was, wenn sich meine

Bücher künftig schlechter verkaufen? Nach mehr als einem Jahr, in dem ich den Dienst längst nicht mehr nutzte, gelang es mir schließlich, mich dazu durchzuringen. In dem Moment, als ich meinen Account löschte – inzwischen hieß der Dienst *X*, und die letzte Nachricht, die ich bekomme, heißt *#goodbye* –, bin ich nicht nur erleichtert, sondern auch ein bisschen stolz. So als hätte ich tatsächlich etwas geschafft und mich von etwas befreit. Gleichzeitig entgeht mir nicht, wie absurd ich diese Tatsache finde. Schließlich hat mich niemand dazu gezwungen, mir einen Account bei Twitter anzulegen und mehr als zehn Jahre lang immer wieder Zeit damit zu verbringen, meine Meinung in die Welt zu schreiben und die anderer zu konsumieren.

~

Twitter und zuvor Facebook zu verlassen, war für mich ein großer Schritt – einer, den ich mir vorgenommen und auf den ich förmlich hingearbeitet hatte. In den Augen der Aktionskünstlerin Jenny Odell darf das hingegen nur der Anfang sein. Abschalten alleine reicht nicht, so ihr Credo. Sie fordert, dass wir unsere Aufmerksamkeit mit etwas anderem füllen müssen, wenn wir wirklich etwas in unserem Leben und in unserer Gesellschaft verändern wollen. Sie schreibt:

> *Ein wirkliches Entziehen der Aufmerksamkeit geschieht zuallererst im Geist. Was dann nötig wäre, ist aber nicht, sich ein für alle Mal auszuklinken, sondern fortlaufendes Training: die Fähigkeit, die Aufmerksamkeit nicht nur zurückzuziehen, sondern sie an anderer Stelle zu investieren, sie auszuweiten und zu verstärken, sie zu schärfen.*[188]

Eine Ahnung davon, was das bedeuten kann, bekomme ich bei einem Kurs für Auslandsberichterstattung, den ich am Institut für Publizistik in München gebe. Der Kurs ist so aufgebaut, dass sich alle Teilnehmenden mehrere Monate lang ein Gebiet erschließen: Sie suchen sich ein Land aus und lernen, nach und nach darüber zu berichten. Eine der ersten Übungen findet vor ihrer Haustür statt. Die Studierenden haben eine halbe Stunde lang Zeit, um ihre Nachbarschaft so anzuschauen, als wäre sie, wenn schon nicht »Ausland«, dann zumindest »Neuland«. Als würden sie alles zum ersten Mal sehen. Am Ende der dreißig Minuten erzählt eine Teilnehmerin, sie habe gemerkt, dass sich im Keller ihres Mietshauses eine Moschee befindet. Einem anderen ist aufgefallen, wie viele Autos vor den Häusern geparkt sind und welchen Wohlstand das andeutet, wieder eine andere hat mit einer Frau gesprochen, die sich als Nachbarin herausstellte und sie noch am selben Abend zu einer Party einlud.

Mehrere Teilnehmende kamen mit Ideen für eine journalistische Geschichte zurück – und das, obwohl sie den Radius, in dem sie sich Tag für Tag bewegen, nicht verlassen hatten. Die gewohnte Umgebung mit einem anderen Blick zu betrachten, hatte gereicht, um Neues in ihren Alltag zu bringen. Neue Eindrücke und neue Möglichkeiten.

Das gilt nicht nur für diejenigen von uns, die als Journalist*innen arbeiten. Wir alle beobachten die Umgebungen um uns herum. Wie wir unsere Welt sehen, beeinflusst nicht nur unser Denken, sondern auch unser Handeln. Verändern wir unsere Perspektive, erweitern wir auch unsere Möglichkeiten. »*Aufmerksam zu sein bedeutet, sich lebendig zu fühlen*«, schreiben die Forschenden der Good-Life-Studie aus Harvard.

Schalten wir immer wieder auf Autopilot – beim Pendeln zur Arbeit, beim Surfen im Internet, beim

Zähneputzen und anderen Routinetätigkeiten –, haben wir eher das Gefühl, das Leben rauscht an uns vorbei und wir verpassen es. Lernen wir hingegen, dem, was direkt vor unseren Augen geschieht, Aufmerksamkeit entgegenzubringen, nehmen wir nicht nur das Leben deutlicher, mit allen Sinnen wahr, wir steigern auch unsere Handlungsfähigkeit.[189]

Sie empfehlen, die Frage *Was habe ich noch nie zuvor bemerkt?* nicht nur auf Orte, sondern auch auf die Menschen um uns herum zu beziehen.[190] Wir können uns fragen, was unser Gegenüber mag, macht, fühlt, denkt oder sagt, das uns noch nie zuvor aufgefallen ist. Das hilft nicht nur, uns klarzumachen, dass wir eine Person niemals »zu Ende« kennenlernen. Es ermöglicht uns auch neue Möglichkeiten für Gespräche, gemeinsame Unternehmungen und Verbindungen.

~

Können uns Internet und soziale Medien nicht auch helfen, uns verbundener zu fühlen? Schließlich werben soziale Netzwerke genau damit. Und nicht nur das. Apps haben die Dating-Welt revolutioniert. Chatbots bieten an, beste*r Freund*in, Mentor*in, Partner*in, Affäre oder Elternteil zu sein. Einige Dienste gehen sogar so weit, Nachrichten von Verstorbenen auszuwerten und daraus neue Nachrichten zu generieren, sodass Angehörige auch nach deren Tod vermeintlich noch mit ihnen kommunizieren können. Egal, was wir von solchen Möglichkeiten halten – ob wir sie befürworten oder verachten, ob wir sie nutzen wollen oder belächeln –, sie alle reagieren auf unser Bedürfnis, sozial nicht isoliert zu leben.

Bewirkt all das also tatsächlich, dass wir uns verbundener fühlen? Bei den Recherchen zu diesem Buch hat mich überrascht, wie einig sich Forschende in dieser Frage sind: Langfristig nein. Während Soziale Medien helfen können, uns mit Gleichgesinnten zu verbinden, Anschluss oder bestimmte Interessengruppen zu finden und Kontakt miteinander zu halten, helfen sie uns immer nur beim ersten Schritt. Wirklich connecten und zueinanderfinden müssen wir offline, weil wir uns nur dort mit all unseren Sinnen begegnen können.

Erst wenn wir uns in die Augen schauen, wenn wir uns riechen, uns hören, uns die Hände geben, uns umarmen und zusammen essen können, bauen wir echte Beziehungen auf in dem Maße, in dem wir es brauchen, und erleben wir den vollen Nutzen, den soziale Verbindungen für unseren Körper, unsere mentale Gesundheit und unser Wohlbefinden haben können. Ein lachendes Emoji ersetzt nicht das Gefühl, das wir haben, wenn wir zusammensitzen und lachen. »Eine Umarmung, einmal auf den Arm drücken oder auf den Rücken klopfen verringert körpereigene Stressreaktionen, was wiederum dem Körper dabei hilft, Infekte und Entzündungen zu bekämpfen. Der Schlüssel liegt darin, sich persönlich zu begegnen«[191], schreibt die kanadische Psychologin Susan Pinker in ihrem Buch *The Village Effect.*

Würden wir nicht regelmäßig von Angesicht zu Angesicht mit anderen interagieren, seien die Chancen hoch, dass wir kürzer leben, uns Informationen schlechter merken und weniger glücklich sind, als wir es sein könnten.

Auf die Frage, was »regelmäßig« in diesem Kontext bedeute, erzählt Pinker in ihrem Buch eine Geschichte von ihrem Sohn. Als er klein war, fragte er bei seiner ersten Geigenstunde seinen Lehrer, ob es stimme, dass man tatsächlich jeden Tag üben müsse, um irgendwann ein Instrument spielen zu können. Der Lehrer antwortete: Keine Sorge, nicht jeden Tag! Nur jeden Tag, an dem du eine Mahlzeit zu dir nimmst.[192] Pinkers Fazit? »Elektronische Medien können Wähler beeinflussen und Zeitungen zugrunde richten, aber wenn es um menschliche Wahrnehmung und um Gesundheit geht, sind sie kein Ersatz für Begegnung von Angesicht zu Angesicht.«[193]Die Community-Expertin Radha Agrawal hat in diesem Zusammenhang den Begriff von Fsf – *Five senses friends*, also Freund*innen mit fünf Sinnen, geprägt. Sie schreibt: »Wie würde deine Welt aussehen, wenn du dich darauf konzentrieren würdest, ein*e Freund*in mit fünf Sinnen zu sein?«[194]

Es hilft, wenn wir uns diese Welt so genau wie möglich vorstellen. Vielleicht können wir das ein oder andere Telefonat oder den Videocall durch ein persönliches Gespräch ersetzen, das Treffen auf einen Kaffee, Tee oder ein Bier durch gemeinsames Essen, die tröstende Sprachnachricht durch einen Spaziergang und eine Umarmung zur Begrüßung? Wir alle haben Gelegenheiten in unserem Alltag, uns mit mehr Sinnen zu begegnen. Je häufiger wir sie als solche erkennen und sie entsprechend nutzen, desto verbundener werden wir miteinander sein.

Doch auch wenn wir eigentlich gern mehr Zeit mit anderen Menschen verbringen oder neue Leute kennenlernen würden, fehlt uns dazu manchmal einfach der Mut.

Laut den Leitern der Harvard-Studie sind wir Menschen allgemein eher schlecht darin, die Auswirkungen von Beziehungen und Kontakten zu anderen Menschen auf uns realistisch einzuschätzen. Hauptsächlich liege das daran, dass Beziehungen chaotisch und unvorhersagbar seien und deshalb viele Menschen lieber alleine bleiben, anstatt sich diesem Chaos auszusetzen. »Beziehungen zahlen sich für gewöhnlich nicht unmittelbar aus«, schreibt die Professorin für Gesundheitsmanagement Marissa King in ihrem Buch *Social Chemistry.* »Sie sind Langzeit-Investments, was es einfach macht, sie auf die kurze Sicht zu vernachlässigen.«[195] Die meisten von uns würden die negativen Effekte von Beziehungen jedoch deutlich höher einschätzen, als sie tatsächlich sind, so die Forschenden aus Harvard.[196] Wir fokussieren auf das Risiko, auf mögliche Verletzungen und Enttäuschungen und übersehen – oder unterschätzen – die positiven Vorteile, die Beziehungen mit sich bringen. »Wir sind nämlich unglaublich schlecht darin zu wissen, was gut für uns ist«, heißt es in *The Good Life.*[197]

Noch dazu schätzen wir diese Risiken umso höher ein, je einsamer wir uns fühlen. Der norwegische Philosoph Lars Svendsen schreibt: »Der Einsame fürchtet den sozialen Raum, und er fürchtet seine Angst vor dem sozialen Raum. Er befürchtet, dass er das soziale Spiel nie beherrschen wird, und findet es schwer, jemandem zu vertrauen.«[198] Laut Svendsen betrachten sich einsame Menschen häufig als Opfer und glauben, dass sie leiden, weil andere ihnen nicht genug Anerkennung geben. Dadurch würden sie ihr Gegenüber oft auf die bloße Rolle reduzieren, ihnen selbst Bestätigung zu geben.[199] Nicht die beste Voraussetzung, um wirklich Beziehungen mit anderen aufzubauen oder zu vertiefen.

Die Professorin Brené Brown hat jahrelang erforscht, was Menschen brauchen, um sich zugehörig zu fühlen. Aus ihren Studien hat sie einen Ratschlag herausgefiltert, von dem sie selbst sagt, dass es verändert hat, wie sie sich selbst in ihrem Leben zeigt, wie sie mit ihren Kindern umgeht und wie sie sich in beruflichen Kontexten verhält. Der Ratschlag lautet:

> *Hör auf, durch die Welt zu laufen und nach der Bestätigung Ausschau zu halten, dass du nicht dazugehörst. Du wirst diese Bestätigung immer finden, wenn du es dir vornimmst. Hör auf, die Gesichter deiner Mitmenschen nach Hinweisen abzusuchen, dass du nicht genügst. Du wirst diese Hinweise immer finden, weil das nun mal dein Ziel ist.*[200]

Die gute Nachricht lautet: Andersrum funktioniert es genauso. Wenn wir unseren Fokus verschieben, werden wir die Menschen in unserem Umfeld immer wieder dabei erwischen, wie sie aufmerksam, fürsorglich oder liebevoll zu uns sind; wie sie uns zeigen, dass wir längst dazugehören, auch wenn wir das manchmal, geblendet von unseren eigenen Ängsten, nicht sehen können. Sobald wir nach Belegen dafür suchen, dass wir dazugehören, werden wir sie finden. Wir können jeden Moment damit anfangen.

- Welche Bereiche Ihres Lebens möchten Sie verändern, um häufiger als Fünf-Sinnes-Freund*in auftreten zu können? Gibt es Telefonate, die Sie durch Gespräche von Angesicht zu Angesicht ersetzen können? Gibt es noch ungenutzte Gelegenheiten, mit anderen gemeinsam zu essen? Durchforsten Sie Ihren Alltag, und dann werden Sie kreativ!

- Versuchen Sie einen Tag lang (oder wenn Sie besonders mutig sind: eine Woche lang), Ihr Handy nicht zu benutzen, wenn Sie gerade Zeit mit anderen verbringen. Beobachten Sie sich selbst: Was verändert sich?

- Setzen Sie sich eine bildschirmfreie Zeit, die Sie sich jeden Tag gönnen wollen – von fünf Minuten bis 24 Stunden ist alles erlaubt –, und überlegen Sie, worauf Sie Ihre Aufmerksamkeit in dieser Zeit stattdessen lenken wollen. Beobachten Sie auch hier, was sich durch Ihr neues Verhalten ändert!

We are each other's harvest;
we are each other's business;
we are each other's
magnitude and bond.

GWENDOLYN BROOKS

SECHS: DIE KUNST, VERBÜNDETE ZU FINDEN

Es gibt einen Tipp, den ich häufiger als alle anderen bei den Recherchen zu diesem Buch gelesen habe. Er lautet: Wenn wir uns einsam fühlen, sollen wir unsere Schuhe anziehen, die Haustür öffnen und rausgehen. Nur wenn wir Menschen begegnen, so der Gedanke, können wir überhaupt auch mit ihnen sprechen. Und egal, wo, wie und mit wem wir wohnen – vermutlich werden diese Leute nicht einfach so in unsere Wohnung oder unser Haus hineinspazieren, um uns unsere Einsamkeit zu nehmen.

Wenn wir die Hürden kennen, die uns im Weg stehen können bei dem Versuch, uns mit anderen zu verbinden, klingt der Tipp zugegebenermaßen ziemlich banal. Ich versuche es trotzdem.

An einem kalten Januarmorgen – ich war gerade fünf Tage krank und isoliert, habe Partner und Kind nur so viel wie unbedingt nötig gesehen und mit allen anderen nur per Telefon Kontakt gehabt – schnüre ich meine Schuhe und trete vor die Tür. Beim Losgehen frage ich mich, ob ich gerade überhaupt einsam genug bin, um das Experiment durchzuziehen. Eigentlich fühle ich mich eher so, als würde mir die Decke auf den Kopf fallen nach fünf Tagen im gleichen kleinen Raum. Ein wenig abgeschnitten von der Welt vielleicht – alles, was ich mitbekommen habe, sind ein paar Nachrichten. Am meisten befremden mich die Bauernproteste, die diese Woche stattfinden, und die rechten Begleiterscheinungen, die sie anzuziehen scheinen. Ohne genau zu wissen, wie, hatte ich mir den politischen Beginn des neuen Jahres irgendwie anders vorgestellt.

Meistens, wenn ich spazieren gehe, steuere ich die umliegenden Wälder an, aber da würde mein Experiment vermutlich nicht funktionieren. Außer Förster und Jägerin (und einmal einer fünfköpfigen Familie inklusive Hund auf einer Reihe Schlitten sitzend an ein Schneemobil gehängt) bin ich in den mehr als drei Jahren, die wir hier leben, noch nie jemandem im Wald begegnet. Also spaziere ich in die andere Richtung, ins Dorf hinein. Nach ein paar Hundert Metern merke ich, dass es das erste Mal in diesem Jahr ist, dass ich durch unser Dorf gehe – am ersten Januar waren wir zu Besuch bei meiner Familie, seither war ich krank. Ich weiß nicht, warum, aber meine Stimmung hebt sich schlagartig, als ich diese Tatsache bemerke. Als hätte ich das Gefühl, unser Dorf mit meinem Spaziergang im neuen Jahr zu begrüßen. Ich beschließe, einmal bis ans andere Ende zu gehen, bis zum Ortsschild. Unterwegs stelle ich fest, dass die Fenster, die für unseren Dorf-Adventskalender geschmückt waren, wieder leer sind. Mit ein bisschen Wehmut denke ich an die Gespräche, die ich in dieser Zeit geführt habe, und wie leicht es währenddessen war, neuen Menschen zu begegnen.

Die Gehwege in unserem Dorf sind an vielen Stellen schmal, nicht gerade einladend, aber das kenne ich schon. Als ich mich auf halber Strecke zum Ortsschild an ein paar Engstellen vorbeizwänge, denke ich an einen Text, den ich neulich gelesen habe.

Darin beschreibt der Autor, dass die Breite der Gehwege in einer Nachbarschaft deutlich beeinflussen, wie viel die Menschen sich draußen bewegen, sei es zu Fuß oder auf dem Fahrrad, und damit auch, wie groß die Chancen sind, dass sie sich begegnen.[201] Je breiter die Wege, desto häufiger nutzen Menschen sie. Außerdem, so hieß es in dem Text, sei entscheidend, was es unterwegs zu sehen gäbe: eine abwechslungsreiche, interessante Umgebung lockt Menschen vor die Tür – genau, wie ich es bei den Adventsfenstern erlebt habe.

Ein paar Hundert Schritte lang denke ich darüber nach, inwiefern ich selbst dazu beitragen könnte, unseren Ort zugänglicher, begehbarer zu machen. Die Fußgängerwege verbreitern kann ich natürlich nicht. Aber etwas Interessantes zum Anschauen anbieten, das Menschen aus dem Haus lockt – wäre das möglich? Letzten Sommer haben wir unseren Gemüsegarten, der zur Straße zeigt, rundum mit einer Lichterkette umspannt. An lauen Sommerabenden und wenn es im Winter früh dunkel wurde, schalteten wir sie ein. Wir haben das vor allem für uns gemacht, um ein bisschen mehr Licht in unser Leben zu holen. Vor einigen Monaten aber kam eine Nachbarin vom hinteren Ende des Dorfes zu Besuch. Und eines der ersten Dinge, die sie sagte, war, wie sehr ihr die Lichterkette gefalle; dass sie sich jedes Mal freue, wenn sie daran vorbeikomme. Es erinnere sie an die in Italien typischen Dorfplätze, an denen die Leute abends zusammenkommen, um gemeinsam ihren Tag zu beenden. Ich freute mich tagelang über ihre Anmerkung. Und jetzt, beim Spazierengehen, frage ich mich, ob wir vielleicht etwas tun könnten, damit unser Vorgarten nicht nur ein Ort ist, der an einen italienischen Dorfplatz erinnert, sondern selbst zu so einem Ort wird.

Ein paar Wochen später lese ich, was Susan Pinker über italienische Dorfplätze schreibt:

Ein paar Tausend Jahre vor Facebook war der Dorfplatz gleichzeitig Ort für Gossip, Einkaufen, spirituelle Ratschläge, ein Magnet für soziale Interaktion, öffentlich sowie privat. […] Es wurden auch Geschäfte gemacht auf dem Platz und in den Straßen und Gassen, die von ihm ausgingen; Verlobungen, Hochzeiten und natürlich Beerdigungen fanden auch dort statt.[202]

Zugegeben, das wäre etwas viel für unseren Vorgarten. Aber ein paar Stühle aufstellen oder eine Bank, ein paar Tische und abends Getränke – das würden wir vermutlich hinkriegen. Ein halb öffentlicher, nicht kommerzieller Raum, winzig zwar, aber seinen Zweck würde er erfüllen. »Die Hauptfunktion des Platzes war immer, seine Bewohner zusammenzubringen«[203], schreibt Pinker. Ich nehme mir vor, in ein paar Monaten, wenn die Abende länger werden, damit zu experimentieren.

Als ich aus meinen Gedanken wieder auftauche, bin ich fast am anderen Ende des Dorfes angekommen. Gesehen habe ich noch niemanden, es ist ein kalter grauer Tag, das Wetter kann die fehlenden Attraktionen also nicht ausgleichen, um die Menschen aus dem Haus zu locken. Während ich die letzten Schritte auf das Ortsschild zugehe, merke ich, dass ich noch nie bis hierher gegangen bin. Vorbeigefahren bin ich schon ein paar Hundert Mal, aber jedes Mal, wenn ich zu Fuß unterwegs war, bin ich vorher wieder umgekehrt.

Das Schild steht etwas verlassen in der Landschaft herum. Häuser sind in unmittelbarer Nähe keine, nur eine Sitzbank aus Holz. Erst wundere ich mich ein bisschen, sie steht direkt an der Straße, im ersten Moment scheint mir der Platz nicht gerade ideal für eine

Verschnaufpause. Dann bemerke ich den traumhaften Blick auf Felder, und bei klarem Wetter: Berge.

In den Tagen zuvor, als ich wegen meiner Erkältung nicht spazieren gehen konnte und die Welt draußen recht bald vermisst hatte, begann ich ein Buch zu lesen: *Walk around the Block*. Darin beschreibt der Autor Spike Carlson die wichtige Funktion, die Veranden in den USA haben. Als ein Ort nicht ganz privat, nicht ganz öffentlich, böten sie Menschen die Möglichkeit, miteinander zusammenzukommen. Sie seien Orte, an denen Nachbarn Nachbarn sein können[204]; also das, was der Soziologe Ray Oldenburg *Third Spaces* nennt. Orte jenseits von unserem Arbeitsplatz und unserem Zuhause, an denen wir mit anderen in unserer Nachbarschaft interagieren und an denen wir uns wie Mitglieder einer Community, wie Bürger*innen fühlen können.

»Soziale Bindungen zu schaffen, mag nicht mehr so einfach sein, wie es einmal war, aber eine spezielle Art von Ort macht es zumindest wahrscheinlicher«,[205] heißt es in einem Artikel von Ebele Mogo, Doktorin für öffentliche Gesundheit. In jeder der Blue Zones, den Orten, in denen mehr Hundertjährige leben als anderswo auf der Welt, so Mogo, gäbe es sogenannte Third Spaces: Marktplätze zum Beispiel, Dorfläden, kostenlose Tanzangebote, öffentliche Gemüsegärten – oder eben: Veranden. »Finde einen Third Space in deiner Nähe!«, fordert sie am Ende ihres Textes auf:

> *Vielleicht hältst du inne, um die vom Sehen bekannten Menschen in deiner Nachbarschaft einmal anzusprechen. Schließ dich einer Gruppe an, um ein neues Hobby zu erlernen […] Finde einen Ort, um dich in deiner Community ehrenamtlich zu engagieren. Verlege deinen Arbeitsplatz für eine Weile in ein Café in der Nähe.*[206]

In den USA haben fast zwei Drittel aller Neubauten eine Veranda.[207] In Bayern sind sie eine Rarität. Stattdessen ist es das Hausbankerl, das auf vielen Grundstücken steht – und das, so glaube ich zu wissen, eine ähnliche Funktion innehat. Ein Hausbankerl ist exakt das, wonach es klingt: eine Bank vor dem Haus, meist in Sichtweite der Straße. Abends oder zur Mittagspause sitzen dort die Bewohner*innen, beobachten das Geschehen in der Nachbarschaft und sind für einen zur Straße hingerufenen Plausch zu haben, natürlich in unterschiedlicher Regelmäßigkeit. Auch unser Haus hat ein Hausbankerl, im Sommer sitzen wir fast jeden Tag dort.

Der verlässlichste Hausbankerer in unserem Dorf aber ist jemand anders: ein Mann mittleren Alters, der in den warmen Monaten fast jeden Tag auf seiner Bank im Garten – ich möchte fast sagen: thront. Jedes Mal, wenn ich vorbeifahre, winken wir uns zu, und obwohl ich noch nie ein einziges Wort mit ihm gesprochen habe, habe ich das Gefühl, ihn persönlich zu kennen.

Das Ortsrand-Bankerl, das ich bei meinem Neujahrsspaziergang entdeckt habe, kommt mir hingegen ziemlich verlassen vor. Dass sich hier mehrere Menschen begegnen und dann auch noch zufällig, kommt mir eher unwahrscheinlich vor. Ich bin trotzdem froh, dass es da ist. Immerhin eine Gelegenheit. Noch dazu eine mit gutem Blick. Ich denke an einen Artikel über eine Wohnanlage in Singapur, bei der *Buddy Benches* gerade ältere Menschen einladen sollen, vor die Tür und mit anderen ins Gespräch zu kommen. In unserem Vorgarten steht, ganz dicht an der Straße, ein großer Kirschbaum, der im Sommer Schatten spendet. Eigentlich hatten wir uns schon lange vorgenommen, darunter eine Bank aufzustellen, damit Passant*innen rasten oder sich zu einem kurzen Plausch zusammensetzen können. Irgendwie haben wir es dann doch nie gemacht. Ich setze die Bank auf meine innere To-do-Liste für den kommenden Frühling und mache mich auf den Weg nach Hause.

Auf dem Rückweg werde ich langsam nervös. Ich habe noch immer keine Person getroffen. Ganz so einfach scheint es doch nicht zu sein: nur vor die Tür gehen! Die erste Person, der ich begegne, steigt gerade aus einem Auto aus, als ich vorbeigehe. Der Mann scheint beschäftigt, er ist am Handy, wir kennen uns nicht. Noch dazu wird mir so langsam kalt. Ich kann mich nicht aufraffen zu einem Gespräch und grüße nur. Der Mann grüßt zurück, ich freue mich, aber wirklich berührt bin ich nicht von dieser Begegnung. Und auch mit der nächsten Person, der ich über den Weg laufe, gelingt mir kein Gespräch. Ihr Kopf ist leicht gesenkt, und halb entmutigt, wie ich mich gerade fühle, verstehe ich ihre Geste als Signal, dass sie keinen Kontakt, sondern ihre Ruhe haben will. Auch hier also nur ein kurzes »Servus« und Lächeln. Immerhin. Von meinen Recherchen weiß ich inzwischen, dass mein Körper selbst minimale Begegnungen wie diese in Glücksgefühle umwandelt.

Ich beschließe, ein wenig zu schummeln. Um doch noch zu einem Gespräch zu kommen, gehe ich in unsere Dorfbäckerei. Sie ist gleichzeitig Tante-Emma-Laden und wahrscheinlich der Ort in unserem Dorf, der einem Third Space, einem öffentlichen Raum, am ähnlichsten kommt – einem Ort, an dem nach Carlsons Prinzip »Nachbarn Nachbarn sein können«. Als ich den Laden betrete, macht die Verkäuferin Inventur, sie ist gerade bei den Taschentücher-Packungen angekommen. Wir reden einen Moment lang, nichts Tiefgehendes. Über die Bauernproteste, das Wetter, die bevorstehenden zwei Wochen Urlaub, in denen wie jedes Jahr der Laden schließen wird und die sich bisher immer viel zu lang angefühlt haben, über die Inventur, das schlafende Kind in der Trage vor meinem Bauch.

Ich kaufe zwei Nussecken, und als ich den Laden verlasse, merke ich, dass es funktioniert hat, das Experiment. Ich fühle mich wieder mehr angekommen in der Welt und in unserem Dorf – und es ist mir egal, dass ich dafür etwas schummeln musste; dass die Begegnung kein Zufall, sondern gewollt war, und die Verkäuferin keine fremde Person, sondern eine, die ich kenne. Es stimmt ja trotzdem: Wäre ich nicht vor die Tür gegangen, ich hätte sie nicht getroffen.

Und dann passiert es doch noch: Auf den letzten Metern zu unserem Haus laufe ich einer Nachbarin über den Weg. Wir haben uns erst vor Kurzem kennengelernt und vielleicht zwei, drei Mal miteinander geredet. Gerade schippt sie Schnee. »Irgendwie musste ich mal an die frische Luft«, sagt sie. »Drinnen ist mir heute die Decke auf den Kopf gefallen.« Als ich ihre Worte höre, fühle ich mich augenblicklich weniger allein. So banal es ist: Ich bin also nicht die Einzige, die heute mit so einem Gefühl durch den Tag gegangen ist.

Die Frau und ich reden noch eine Weile, mein sozialer Motor ist in Schwung gekommen, und als sie mir zum Abschied erzählt, dass sie meinen Partner gerade mit unserer anderen Nachbarin quatschen gesehen hat, merke ich: Mein Experiment hat nun tatsächlich funktioniert. Ich fühle mich nicht nur weniger allein, ich fühle mich wieder verbunden. Zu merken, dass ich Nachbar*innen habe, die ich mag und zufällig zu einem kleinen Plausch treffen kann, ist nach fünf Tagen, die ich fast alleine verbracht habe, ein nahezu berauschendes Gefühl.

Als ich unsere Haustür öffne, frage ich mich, ob ich mich ohne das Gespräch in der Bäckerei gegenüber der Nachbarin genauso leicht geöffnet hätte oder ob mir die Erfahrung, mit einer Person zu reden, tatsächlich dabei geholfen hat, auf weitere Menschen zuzugehen. Hätte ich auch mit den anderen beiden Personen gesprochen, wenn ich die Verkäuferin zuerst getroffen hätte? Ich nehme mir vor, es herauszufinden, beim nächsten Spaziergang meine Route zu ändern und als Erstes in den Dorfladen zu gehen. Und noch etwas nehme ich mir vor: dem Rat einer Autorin zu folgen und die Namen all meiner Nachbar*innen herauszufinden. Nicht, indem ich heimlich auf ihre Klingelschilder schiele, sondern indem ich mit ihnen rede.

~

Menschen auf der Straße zu begegnen und ein Gespräch mit ihnen anzufangen, ist das eine. Was aber können wir tun, um diejenigen Menschen, die bereits in unserem Leben sind, noch besser kennenzulernen? Bei meinen Recherchen zu dieser Frage stoße ich auf einen Tipp des Greater Good Science Center der Berkeley-Universität. Unter dem Slogan *Science Based Practices for a meaningful life, wissenschaftlich basierte Übungen für ein sinnerfülltes Leben,* schlagen die Forschenden 36 Fragen vor, die uns dabei helfen können, uns stärker miteinander verbunden zu fühlen. Viele Situationen in unserem Alltag, schreiben sie, verlangen nach höflichem Small Talk. Der wiederum mache es uns aber extrem schwer, uns wirklich miteinander zu verbinden. Um bedeutsame Beziehungen mit anderen entstehen zu lassen, sei »reciprocal self-disclosure« entscheidend, also die Bereitschaft von zwei Personen, jeweils in zunehmendem Maße vertrauliche Informationen zu teilen und aufzunehmen. Bereits 45 Minuten von dieser Art des Sich-gegenseitigen-Öffnens könnten Gefühle von Verbundenheit und Nähe drastisch steigern, so die Forschenden. Sogar unter Personen, die sich zunächst fremd sind.[208]

In den Medien wurde der Fragebogen der Berkeley-Universität vor allem dafür bekannt, dass er dazu führen könne, dass sich zwei Menschen, die sich noch nie begegnet seien, innerhalb kürzester Zeit ineinander verlieben würden. Die Forschenden betonen aber, dass ihre Fragen für alle Arten von Beziehungen geeignet seien, die wir vertiefen wollen, etwa mit Familienmitgliedern, Freund*innen oder Bekannten. So wurden die Fragen beispielsweise verwendet, damit Studierende der Fernuniversität Hagen sich – trotz der Tatsache, dass sie nur in einem virtuellen Raum miteinander studierten – kennenlernen konnten und so die Wahrscheinlichkeit erhöhten, ihr Fernstudium tatsächlich zu Ende zu bringen.[209] Die Studierenden berichteten, dass sie sich sowohl einander als auch der Universität zugehöriger fühlten als vor dem gegenseitigen Beantworten der Fragen. In mehreren anderen Studien trugen die Fragen dazu bei, rassistische Vorurteile und Überzeugungen deutlich abzubauen.[210]

Was also hat es mit den Zauberfragen auf sich? Als ich die ersten von ihnen lese, bin ich fast ein bisschen enttäuscht, so wenig überraschend kommen sie mir vor: *Mit welcher Person würdest du dich gerne zum Abendessen verabreden? Wärst du gerne berühmt? Wofür? Was ist der perfekte Tag für dich?* Bei anderen Fragen kann ich mir sofort vorstellen, dass sie zu Vertrautheit führen können und dazu, dass wir uns besser kennenlernen: *Übst du manchmal vor einem Telefongespräch, was du gleich sagen wirst? Warum?* Oder: *Hast du eine heimliche Ahnung davon, wie du einmal sterben wirst? Wenn du eine Sache ändern könntest an der Art, wie du aufgewachsen bist, welche Sache wäre es? Wann hast du das letzte Mal für dich alleine geweint?*[211]

Ich arbeite seit mehr als 15 Jahren als Journalistin. Natürlich weiß ich um die Kraft, die Fragen haben können, wenn wir uns kennenlernen wollen. Während ich den Fragebogen der Berkeley-Universität lese, wird mir klar, dass es bei den Fragen, die ich in meinem beruflichen Alltag stelle, immer darum geht, andere

Menschen kennenzulernen – aber nie darum, dass diese Menschen im Gegenzug auch mich kennenlernen.

Als ich bei meinem Seminar für Auslandsberichterstattung den Studierenden den Auftrag gebe, eine fremde Person zu finden, der sie die folgenden drei Fragen stellen: Wofür stehst du auf? Welche berühmte Person sollten deiner Meinung nach alle kennen? Wovor hast du Angst, und wie gehst du damit um? –, wird mir dieser Effekt noch einmal klar. Alle Teilnehmenden kommen mit berührenden Geschichten zurück ins Seminar. Innerhalb weniger Minuten hatten die Befragten sich ihnen anvertraut. Doch natürlich blieb das Ganze einseitig. Diese (und meine bisherige) Art, Fragen zu stellen, führte zu guten Geschichten. Zu guten Beziehungen führte sie nicht. Jedenfalls nicht automatisch.

Am Ende der Übung fragt mich einer der Teilnehmenden: »Wie oft machst du das: Einfach so Leute anzusprechen und dann diese Art von Fragen zu stellen?« Ich antworte ehrlich. Momentan eher selten, vielleicht sogar fast nie. In der Zeit, in der ich als Reporterin in Kabul gearbeitet habe, war das jedoch anders. Damals habe ich ständig Leute angesprochen, auch ohne eine konkrete Recherche oder ohne eine Geschichte im Kopf zu haben – einfach, weil ich interessant, beeindruckend oder berührend fand, was sie machten oder was ich sie in einem Gespräch mit anderen hatte sagen hören. Wenn ich mich richtig erinnere, habe ich mich damals fast jede Woche mit Menschen verabredet, die ich noch nicht kannte.

An keinem anderen Ort, an dem ich gelebt habe, habe ich so schnell so viele tiefe Freundschaften geschlossen wie in Kabul. Das liegt in erster Linie, da bin ich sicher, an dem Stellenwert, den Gastfreundschaft, gemeinschaftliches Leben und Hilfsbereitschaft in Afghanistan haben. Aber wenn ich gar nicht aus dem Haus gegangen wäre, hätte mir das wahrscheinlich auch nicht viel gebracht. Beweisen kann ich es nicht, aber für mich gibt es einen Zusammenhang zwischen der im Vergleich zu meinem heutigen Alltag großen Menge an Fragen, die ich in Kabul gestellt – und in den häufig darauffolgenden Gesprächen beantwortet – habe, und den Freundschaften, die in dieser Zeit entstanden sind.

An anderen Orten war es schon etwas schwieriger, neue Menschen kennenzulernen. Nach Hamburg, der Stadt, in der ich acht Jahre lang gewohnt habe, bin ich wegen meines Jobs in der Redaktion der Wochenzeitung *Die Zeit* gezogen. Die ersten paar Dutzend Kontakte, die ich dort geknüpft habe, waren also beruflich. Als ich gemerkt habe, dass mein Freundeskreis fast nur aus Journalist*innen besteht und dann auch noch fast alle in meinem Alter, habe ich versucht, anderswo nach Menschen Ausschau zu halten.

Ganz einfach fand ich das nicht. Ich bin die Sache damals nicht systematisch angegangen, und heute, nach den Recherchen zu diesem Buch, wüsste ich vieles, das ich besser machen könnte. Gut funktioniert hat das Verbandeln mit unseren Nachbar*innen. Und mit Freund*innen von Freund*innen. Das habe ich vielleicht damals schon bewusst gemacht: Die Leute, die ich neu kennengelernt habe – und mochte –, beim nächsten Mal gleich wieder mit einzuladen. Eine ganze Zeit lang traf ich in Hamburg zwei meiner engsten Freund*innen einmal pro Woche zum Mittagessen. Unser aller Alltag war mehr als turbulent, meistens reichten die ein bis zwei Stunden nicht aus, um alles zu rekapitulieren, was in der vergangenen Woche passiert war. Aber die beständigen Treffen haben geholfen, Schritt zu halten mit der Geschwindigkeit, die unser Leben hatte, und trotz dieser Geschwindigkeit tiefgehende Beziehungen aufzubauen und am Leben zu halten.

Wieder andere Dinge haben mir bei unserem Umzug nach Bayern geholfen. In den ersten Wochen renovierten wir das Haus, das wir mieten. Dafür arbeiteten wir jeden Tag auch stundenlang im Garten. Unsere direkten Nachbar*innen konnten wir in dieser Zeit also gar nicht nicht kennenlernen, so viel, wie wir draußen waren. Wir hatten diesen Effekt nicht geplant, gewirkt hat er trotzdem. Noch dazu, weil wir von all den Dingen, für die wir plötzlich verantwortlich waren, nicht die geringste Ahnung hatten – unsere Nachbar*innen aber schon. Immer wieder stellten wir Fragen: Wie schneidet man Rosen? Wie pflanzt man Kartoffeln um? Wann sät man Tomaten? Wann ist der richtige Zeitpunkt, um Birnbäume zu schneiden, und wie lagert man Äpfel? Die Antworten unserer Nachbar*innen haben uns nicht nur geholfen, uns in unserem neuen Leben zurechtzufinden, sie waren – das kann ich heute sagen – auch der Beginn für neue Freundschaften. Erst bei den Recherchen zu diesem Buch erfahre ich, dass um Hilfe zu fragen, anderen zu zeigen, dass wir sie brauchen, ein gutes Mittel ist, um Verbindungen aufzubauen oder zu stärken. Für uns alle gelte, dass wir einander bedürften, schreibt der Philosoph Lars Svendsen. »Ein wesentlicher Teil dieses Bedürfnisses ist ein Wunsch, von anderen gebraucht zu werden. Wer nicht von anderen gebraucht wird, spielt in einem gewissen Sinn keine Rolle.«[212] Vielleicht hilft dieser Gedanke, wenn es uns das nächste Mal schwerfällt, jemanden um Hilfe zu bitten, weil es sich wie eine Schwäche anfühlt – oder weil wir anderen nicht zur Last fallen wollen. Die Forschenden der Langzeitstudie aus Harvard formulieren es so:

> *Wir brauchen andere Menschen, mit denen wir interagieren und die uns helfen. Wir leben auf, wenn wir diese Verbundenheit und Unterstützung wiederum anderen angedeihen lassen können. Dieser Prozess des Gebens und Nehmens ist die Grundlage eines sinnerfüllten Lebens.*[213]

Eine Sache, die ich – unabhängig von den Orten, an denen ich lebte – in den letzten Jahren immer wieder versucht habe, ist, Leute zusammenzubringen, die sonst vielleicht nicht zueinanderfinden würden. Im beruflichen Kontext zum Beispiel mit Filmgesprächen, die wir organisieren, bei denen Menschen mit Fluchterfahrung auf Vorstände eines Unternehmens treffen, auf Gefängnisinsassen oder Auszubildende bei der Polizei.

Im Privaten, wenn wir Freunde aus Kabul zu einer Gruppe musikbegeisterter Süddeutscher mittleren Alters mitbringen und einen Abend lang zusammen singen; wenn Aglaya beim Pizzabacken in unserem Garten Niks frühere Gasteltern aus Neuseeland kennenlernt und einen befreundeten Künstler aus Spanien; wenn Stewart, unser Freund aus New York, von dem über 80 Jahre alten Bäcker in unserem Dorf lernt, wie man Brezen legt – ohne dass sie eine gemeinsame Sprache sprechen. Jedes Mal, wenn bei solchen Begegnungen mein Herz hüpft, merke ich, dass das für mich zum Verbinden dazugehört: dass wir nicht nur Zeit mit anderen verbringen, sondern uns hin und wieder auch Menschen gegenüber öffnen, die völlig anders leben als wir selbst.

~

Vor die Tür zu gehen, ist mit Abstand der Tipp, den ich am häufigsten gelesen habe. Aber es gibt noch andere: ein Ehrenamt starten, fremde Menschen, denen wir begegnen, anlächeln, die Namen unserer Nachbar*innen herausfinden, Witze erzählen oder in Gesellschaft Comedy schauen, weil zusammen lachen verbindet; einer Person, zu der wir lange keinen Kontakt mehr hatten, ein Foto schicken, das an einen gemeinsamen Moment erinnert, jemandem einen Gefallen tun, jemanden um Hilfe bitten oder jemandem Hilfe anbieten. »Egal, ob es sich um eine Person handelt, die du liebst, oder einen komplett Fremden – die Intensität einer sozialen Interaktion passiert nur im jeweiligen Moment«, schreibt die Professorin Marissa King.[214]

Wenn wir uns wirklich einsam fühlen, hilft es langfristig jedoch nicht, einfach nur irgendwelche Menschen zu sehen. Im Gegenteil: Unter Umständen fühlen wir uns dadurch noch einsamer. Wir brauchen Menschen, deren Interessen, Humor und Wertvorstellungen wir teilen. Nur: Wie finden wir die?

Diese Frage hat sich auch die Community-Expertin Radha Agrawal gestellt. In ihrem Buch *Belong* beschreibt sie, dass sie an einem verschneiten New Yorker Januartag kurz nach ihrem 30. Geburtstag in den Spiegel geschaut und plötzlich gemerkt habe, wie unglücklich sie aussah. »Ich habe mich nirgends besonders zugehörig gefühlt«, schreibt Agrawal. »Ich landete immer wieder samstags in der gleichen Bar mit Freunden, die über Sachen redeten, die mich nicht interessierten […] Und ich war gerade drauf und dran, es wieder zu tun.«[215] Tatsächlich ging Agrawal auch an diesem Abend aus, in die gleiche Bar. Als sie jedoch sah, wie viele Leute mit ihren Gesichtern in ihren Handys vergraben waren, als sie sah, wie betrunken viele von ihnen waren, ließ sie ihr volles Bier stehen, ging nach Hause und beschloss, etwas in ihrem Leben zu ändern. »Zum ersten Mal in meinem Erwachsenenleben würde ich mir die Frage stellen, mit welchen Menschen ich mich umgeben will.«[216]

Es blieb nicht nur bei diesem Vorsatz. Am nächsten Morgen setzte sich Agrawal in ihre Küche, schnappte sich ein Notizbuch und zeichnete drei Spalten. In die erste Spalte schrieb sie eine Liste von Qualitäten, die sie in zukünftigen Freund*innen suchen wollte (in Agrawals Fall: Leute, die über Ideen reden anstatt übereinander, die Abenteuer mochten und Spaß, die sich umeinander und um sich selbst kümmerten, die interessiert und interessant waren, die zuhörten). In der zweiten Spalte landeten alle Eigenschaften, die sie nicht mehr in ihrem Umfeld haben wollte. In der dritten Spalte die Qualitäten, von denen sie glaubte, dass sie diese selbst zeigen müsse, um die von ihr gewünschten Freund*innen anzuziehen.

> *Noch nie zuvor hatte ich so etwas getan, mir zu Zeit nehmen, um aufzuschreiben, wonach ich in einer Freundschaft suche. Wer macht so was?! Bis dahin stolperte ich in Freundeskreise und Gemeinschaften. So hatte es schließlich auch zu Schulzeiten funktioniert. Die Person in unserem Klassenzimmer wurde zum besten Freund. Physische Nähe war der alles entscheidende Faktor. Als ich aufwuchs, hatte ich nie eine Welt kennengelernt, in der wir uns unsere idealen Freunde aussuchen können, die uns unterstützen und inspirieren.*[217]

Agrawal rät, eine Liste zu schreiben mit allen Personen, mit denen wir Zeit verbringen, egal, in welchem Kontext – eine Art Inventur. Der nächste Schritt sei, Beziehung für Beziehung zu überdenken, mit welcher Energie die jeweiligen Personen auf uns wirkten: positiv oder negativ, stark oder schwach ausgeprägt? Möglicherweise, so Agrawal, ergäben sich Muster: »[Z]iehen dich manche deiner Freunde runter, während dich die meisten deiner Kollegen aufmuntern? Oder andersherum? Frag dich, wie die Energie, mit der du dich umgibst, dich beeinflusst, von Tag zu Tag und von Monat zu Monat.«[218]

In eine ähnliche Richtung geht ein Ratschlag von Priya Parker, der Autorin des Buches *The Art of Gathering*. In ihrem Newsletter empfiehlt sie, dass wir uns zu Beginn eines neuen Jahres folgende

Fragen stellen und die Antworten jeweils aufschreiben: »Welche Zusammenkünfte mit anderen haben in letzter Zeit dazu geführt, dass du dich lebendig fühlst? Was sind deine Bedürfnisse fürs neue Jahr […]? Willst du mehr lachen mit deinen Leuten? Willst du mehr Gespräche mit Tiefgang? Willst du deine Zeit mit anderen körperlich aktiver und mit mehr Spaß verbringen (und nicht immer essend um einen Tisch herum)? Gibt es besondere Arten und Weisen, auf die du gerne Zeit mit anderen verbringst, die du dir aber nicht erlaubst?«

Erst wenn wir uns einen Überblick über unsere aktuellen Beziehungen verschafft haben, können wir herausfinden, in welchen Bereichen, bei welchen Gelegenheiten oder Anlässen, eventuell auch in welchen ganz konkreten Beziehungen wir uns Veränderung wünschen. Agrawal empfiehlt als Faustregel: Wenn wir uns zu 80 Prozent der Zeit wohlfühlen mit der jeweiligen Person, lohne es sich, weiter Energie in die Beziehung zu investieren.[219]

Eine etwas deutlichere Linie zieht das Autoren-Brüder-Paar Chip und Dan Heath in seinem *New York Times*-Bestseller *The Power of Moments*: »Eine Beziehung, in der eine Partei die wichtigsten Momente im Leben der anderen vergisst, ist keine Beziehung.«[220] Ich schlucke, als ich diesen Satz lese. Manche Menschen in meinem Umfeld fallen definitiv in diese Kategorie. Beenden will ich meine Beziehung zu ihnen dennoch nicht. Auch wenn wir nicht alle Ratschläge gleich eins zu eins umsetzen, können sie uns als Orientierung dienen, in Situationen, in denen uns einzelne Beziehungen überfordern.

Unabhängig davon, an welchen der Ratschläge wir uns halten: Was tun wir, wenn wir tatsächlich feststellen, dass wir neue Menschen in unserem Alltag brauchen? Wie können wir sie finden? Es könne zunächst durchaus überwältigend sein, so Agrawal, wenn wir in einer neuen Stadt oder einem neuen Job starten oder uns einfach so nach neuen Freundschaften in unserem Leben umschauen wollten: »Where the heck do I find my people?!«[221] Ihr Tipp: Mit einer Internet-Recherche beginnen. Wo gibt es Vereine, Gruppen, Orte, an denen Menschen zusammenkommen, die meine Interessen teilen? Dieser Prozess kann laut der Community-Expertin mehrere Wochen oder sogar Monate dauern. »Lass dir Zeit für diesen Prozess«, beruhigt sie. »[E]s werden sich Menschen finden, die die gleichen Dinge lieben wie du und die dich inspirieren werden auf eine Weise, die du dir nicht vorstellen kannst!«[222] Sobald wir fünf bis zehn solcher Orte gefunden haben, rät Agrawal, sie nacheinander auszuprobieren und zu testen, zum Beispiel jede Woche eine neue Community – oder vier Wochen lang in derselben Community.[223]

Entlang der Theorie des Anthropologen Robin Dunbar, dass wir etwa 150 stabile Beziehungen führen, den sogenannten *Outer Core,* und fünf enge Freundschaften, den sogenannten *Inner Core*, rät Agrawal, beide dieser Kreise zu pflegen und Zeit für sie einzuräumen, auch in hektischen Zeiten. Also das, was meine Freundin Aglaya »Man muss sich bemerkbar machen« nannte. Agrawal empfiehlt auch hier, regelmäßig Inventur zu machen. Sie selbst schreibe jedes Jahr an ihrem Geburtstag eine Liste, bei der sie überlege, inwiefern ihre Freund*innen jeweils für sie da gewesen seien und inwiefern sie selbst für ihre Freund*innen Zeit und Energie frei geräumt habe – einen Prozess, den Agrawal »augenöffnend und kathartisch« bezeichnet, vor allem in Bezug auf die Frage, ob sie selbst im jeweiligen Jahr genug Fokus auf ihre Freundschaften gelegt hatte. Und noch einen Tipp hat die Community-Expertin für uns: Jedes Mal, wenn wir uns mit einer Person treffen, die uns wichtig ist, sollten wir vor dem Verabschieden schon einen Termin für das nächste Treffen ausmachen.[224] Entscheidend sei außerdem, dass wir während unserer Verabredungen wirklich präsent seien – und nicht nur körperlich anwesend. Präsent sein laut Agrawal bedeutet, nicht ständig am Handy zu hängen. Es bedeutet, Hilfe anzubieten, das Leben der anderen besser zu machen, geduldig und beständig da zu sein. »Zugehörigkeit entsteht im Laufe der Zeit«, schreibt sie, »und sie belohnt dich für immer.«[225]

~

Und was, wenn's mal kriselt?

Vielleicht hilft es schon, wenn wir uns klarmachen, dass das erst mal unausweichlich ist und zu Beziehungen dazugehört. »Sie können stets versuchen, sich unverwundbar zu machen, indem Sie keine engen Bindungen zu anderen knüpfen, aber der Preis dafür ist eine noch größere Einsamkeit«[226], schreibt der Philosoph Svendsen. Sie sei noch grundlegender und massiver als jene, die wir fühlen, wenn uns eine Person emotional oder physisch verlässt, oder – so würde ich ergänzen – im Stich lässt.

»Als jemand, die von Natur aus nostalgisch ist, musste ich erst lernen, die Schönheit in der Tatsache zu entdecken, dass sich alle Freundschaften weiterentwickeln«,[227] schreibt Agrawal. Geholfen habe ihr dabei ihre eigene Beobachtung und Theorie von einem bestimmten Kreislauf, den viele freundschaftliche Beziehungen durchlaufen. Er sei bestimmt von fünf Phasen – Kreation, Evolution, Reifung, Frustration, Kooperation – und könne sich beliebig oft wiederholen, wobei nicht jede Beziehung zwingend alle Phasen durchlaufe. Die Phase der Reifung fände nur in denjenigen Beziehungen statt, die uns wirklich wichtig sind und für die wir bereit sind, Zeit und Energie zu investieren. Laut Agrawal sind solche Beziehungen eher rar. Sie rät deshalb, aktiv innezuhalten und uns zu fragen, ob wir bereit sind für diesen Schritt. Woran erkennen wir überhaupt, dass wir in der Reifephase angekommen sind? »[W]enn du einen Freund getroffen hast, der mit deinen Werten und Interessen übereinstimmt, dich wirklich als diejenige Person sieht, die du bist und deinen Akku auflädt. Deine Augen glänzen und alles ist rosig und macht Spaß und ist aufregend und neu!«[228], schreibt Agrawal.

Die Phase der Frustration hingegen sei erreicht, wenn wir nicht mehr immer nur unser bestes Gesicht zeigten. Vielleicht kommt es zu Streitigkeiten, Missverständnissen, vielleicht sind wir genervt voneinander. Wenn wir uns in dieser Phase nicht die Zeit nähmen, offen und verletzlich aufeinander zuzugehen, so Agrawal, könne das das Ende dieser Freundschaft bedeuten. Wenn wir es hingegen schafften, ehrlich über unsere Differenzen zu sprechen, erreichten wir die Stufe der Kooperation: »Wir nehmen uns wirklich Zeit, einander kennenzulernen, und verstehen, respektieren und begrüßen unsere Unterschiede.«[229] Manche Beziehungen würden hier landen, auch ohne zuvor die Phase der Frustration durchlaufen zu haben, so Agrawal.

In der darauffolgenden Phase der Kreation sind wir so weit, dass wir mit unserer Beziehung etwas Neues in die Welt bringen: eine Geschäftsidee, einen Verein, Veranstaltungen, etwas Handwerkliches, ein Projekt. Laut Agrawal ist das die Phase, in der wir am meisten Energie verspüren. Wenn eine Beziehung die Phase der Evolution erreicht, steht Wandel bevor – in welcher Richtung auch immer. Ziel und Sinn des Freundschafts-Kreislaufes, so Agrawal, sei zu wissen, dass es ganz natürlich ist, wenn Freundschaften und Beziehungen sich verändern und dadurch auch schmerzhafte Gefühle entstehen.

Für eine akute Krise, ein Missverständnis oder einen Streit empfiehlt Agrawal das persönliche Gespräch, weil es zumindest weniger anfällig für weitere Komplikationen sei als Textnachrichten. Sollte es gar nicht anders als übers Handy gehen, rät sie dazu, sich zuerst einen Moment Ruhe zu nehmen, durchzuatmen und sich zu fragen, ob wir hungrig, müde, gestresst oder in sonst irgendeiner Weise neben uns stehen, und erst dann zu antworten, wenn es uns besser geht.[230]

Vor jedem wichtigen Gespräch, das wir mit einer anderen Person führen – egal ob im beruflichen oder privaten Kontext –, empfiehlt sie außerdem, sich drei Fragen zu stellen, jeweils für uns selbst und für unser Gegenüber: Wo stehe ich gerade generell im Leben? Wie geht es mir in diesem konkreten Moment? Wie steht es um die Beziehung mit dem Gegenüber?[231] Laut Agrawal seien diese drei Fragen ohnehin häufig mit im Raum – unabhängig davon, ob wir sie bewusst adressieren oder nicht. Wenn wir sie nicht ansprächen, verkomplizierten sie die Gespräche, die wir führen, und belasteten die Beziehungen, die dahinterstehen. »Wenn wir das komplette Bild nicht sehen, teilen oder zumindest darüber nachdenken, dann entstehen Missverständnisse«,[232] schreibt sie.

Als ich den Ratschlag von Agrawal lese, fallen mir sofort mehrere Gespräche ein, bei denen ich mir diese Fragen nicht gestellt hatte – und die, das kann ich im Nachhinein sagen, ganz offensichtlich darunter gelitten haben; nicht nur die Gespräche, sondern auch die damit verbundenen Beziehungen. Ich weiß aber auch, dass nicht alle Gespräche, die wichtig sind, im Kalender stehen und in einem Moment beginnen, in dem ich mich vorbereiten kann.

So kommt es dann auch, dass, egal, wie sehr ich mich bei kritischen Gesprächen darum bemühe, es mir kein einziges Mal gelingt, alle sechs Fragen durchzuspielen. Ein paarmal schaffe ich es zu bemerken, dass ich selbst zu müde oder zu hungrig bin oder mein Gegenüber gestresst ist, und den Zeitpunkt des Gesprächs deswegen zu verlegen. Die meiste Zeit aber lande ich gar nicht erst bei dem Gemütszustand meines Gegenübers. Manchmal bin ich im entscheidenden Moment sogar so aufgewühlt, dass mir die Fragen gar nicht mehr einfallen. Etwas leichter fällt es mir, dem Ratschlag zu folgen, wenn ich zu einem fixen Gespräch verabredet bin und mich entsprechend vorbereiten kann. In meinem Fall sind das vor allem Gespräche im beruflichen Kontext, aber natürlich kann es auch hier zu Missverständnissen und belasteten Beziehungen kommen.

Für mich bisher besser umsetzbar ist ein Vorschlag von Brené Brown. Sie empfiehlt, in krisenhaften Gesprächen, Auseinandersetzungen oder Diskussionen den Fokus weg von der Vergangenheit in die Gegenwart zu verlegen, im Idealfall sogar in die Zukunft.[233] Anstatt stunden- (oder tagelang?) darüber zu diskutieren, wer etwas wie und warum gemacht hat und warum er oder sie es besser ganz anders hätte machen sollen, kann auf diesem Weg ein Gespräch darüber entstehen, an welchem Punkt zwei Personen sich in dem konkreten Moment in ihrer Beziehung befinden. Wie sie weitermachen wollen, was sie sich für die Zukunft wünschen und was es braucht, damit diese Zukunft tatsächlich auch erreicht werden kann. Seit ich Browns Vorschlag gelesen habe, machte ich mehrfach folgende Erfahrung: Gerade wenn wir in einem Gespräch feststecken, uns verrannt oder aufgerieben haben, kann ein Umschwung in Richtung Zukunft die Lage drastisch verbessern und den Blick – den der einzelnen Personen und den auf die gemeinsame Beziehung – drastisch verändern.

Vor allem aber glaube ich, dass diese Änderung der Blickrichtung auch in gesellschaftspolitischen Debatten wichtig ist. Stellen wir uns einmal eine Talkshow vor, bei der alle Anwesenden ausschließlich über eine bessere Zukunft sprechen und über Wege, wie wir sie erreichen können! Im Kleinen habe ich es schon probiert: Wenn mir jemand erklärt hat, warum die aktuelle Politik keinen Sinn und ihn oder sie wütend macht, habe ich gefragt, wie es denn besser laufen könnte; was eine Lösung sein könnte; wie wir darauf hinarbeiten können.

Vielleicht liegt es daran, dass diese Art zu denken und miteinander zu reden, fast dem gleichen Prinzip folgt wie konstruktiver Journalismus und meine eigene Formel »Scheiße plus X« und ich deshalb einigermaßen geübt darin bin, meinen Blick in diese Richtung zu lenken. Ich habe jedenfalls in fast allen Gesprächen, die ich so versucht habe zu verändern, einen deutlichen Umschwung erlebt, sogar dann, wenn keinem von uns eine Lösung eingefallen ist. Allein das Nachdenken nach vorne hat dazu geführt, dass wir gedanklich an einem Ort sein konnten, anstatt uns weiter darüber zu zerfleddern, wer die korrekte Ansicht und Einschätzung über momentane und vergangene Missstände errungen hat. In anderen Fällen sind wir tatsächlich auf Lösungsideen gestoßen, von kleinen Fragen wie: Wie können wir dazu beitragen, die Bäckerei in unserem Dorf zu erhalten, bis hin zu großen Themen wie der Klimakrise.

Egal, um was es ging, jedes Mal, wenn es meinem Gegenüber und mir gelungen ist, auf die Zukunft bezogen zu denken und zu reden, hat mich das nicht nur beschwingt durch den Tag getragen; ich hatte noch dazu häufig das Gefühl, mich näher und verbundener mit meinem*r Gesprächspartner*in zu fühlen, als ich es zu Beginn des Gesprächs erwartet hatte. Manchmal hatten sich unsere anfänglichen Differenzen sogar als gar nicht so gravierend herausgestellt. Für mich war das eine deutliche Veränderung in meinem Leben. Denn auch wenn ich viel Übung darin habe, mit Menschen aus unterschiedlichsten Kontexten zu sprechen – wenn jemand bei für mich entscheidenden Themen völlig anderer Meinung ist als ich, fällt es mir, so wenig stolz ich darauf bin, oft schwer, mich zu beherrschen. Natürlich ist Browns Tipp nicht das Idealrezept für alle Arten von Gesprächen und Gesprächspartner*innen. Mit einer Person, die tief überzeugt rechtsextrem denkt, würde ich weiterhin auf keinen grünen Zweig kommen. Aber jenseits von Hass und menschenverachtendem Gedankengut wirkt es in meinem Leben tatsächlich so wie eine kleine Zauberei.

~

Wenn wir uns auf andere einlassen möchten und uns verletzlich zeigen wollen – so lese ich bei Brown –, ist eine Sache wichtig, die auf mich erst einmal völlig widersprüchlich wirkt: Wir müssen uns deutlich abgrenzen. Je besser uns das gelinge, desto besser könnten wir mit anderen mitfühlen. »Wenn man das Gefühl hat, ausgenutzt oder bedroht zu werden, ist es schwierig, gutherzig zu bleiben«, schreibt Brown.[234]

Viele von uns seien mit dem Glauben aufgewachsen, dass es eine Schwäche sei, sich verletzlich zu zeigen. Stattdessen reagierten wir häufig mit Wut und Zorn oder damit, unsere eigenen Gefühle zu leugnen.[235] Diese Dynamik zu durchbrechen, ist laut Brown der entscheidende Knackpunkt: »Wer einen Weg findet, den Schmerz zu fühlen, statt ihn zu verbreiten, kann sich verändern.«[236]

Je offener und verletzlicher wir uns einander also zeigen, desto besser stehen die Chancen, dass wir uns über unsere Unterschiede hinweg verstehen und miteinander verbunden fühlen können. Wenn ich Brené Browns Empfehlungen weiterlese, bekomme ich das Gefühl, beim Experimentieren erst am Anfang dessen zu stehen, was möglich ist. Sie schreibt:

> *Stell dir Folgendes vor: Zwei Menschen haben nach einem offenen Gespräch ihr Verständnis füreinander vergrößert, empfinden mehr Respekt füreinander und haben ihre Bindung vertieft, während sie immer noch komplett verschiedener Meinung sind. Das ist etwas ganz anderes, als ein Gespräch zu vermeiden und nichts Neues über sein Gegenüber zu lernen.*[237]

Browns Vision ist eine Zukunft, von der auch ich gerne träume. Sie beginnt nicht nur bei den Talkshows, die Abend für Abend in unseren Wohnzimmern flimmern. Sie beginnt – ganz konkret – mit uns, mit den Gesprächen, die wir führen, und mit dem Blick, den wir in diesen Gesprächen einnehmen. Wir wissen jetzt: Wir müssen es nicht dem Zufall überlassen, wo wir am Ende einer Diskussion landen.

Ob wir uns von politisch Andersdenkenden weiter entfernen oder ob es uns gelingt, uns anzunähern, ist keine Kleinigkeit. Es ist der Beginn von Demokratie. Der Boden, der uns dabei hilft, unsere Gesellschaft nicht nur vielseitig, sondern auch stabil zu halten.

- Dieser Tipp kommt vermutlich wenig überraschend - und vielleicht finden Sie ihn, gerade nach dem Lesen dieses Kapitels, viel zu banal. Versuchen Sie es trotzdem: Ziehen Sie Ihre Schuhe an, und treten Sie vor die Tür, und dann schauen Sie, was passiert.

- Nehmen Sie sich ein Blatt Papier, einen Stift und etwas Zeit, und machen Sie eine Bestandsaufnahme, gemäß dem Vorschlag von Radha Agrawal: Welche Beziehungen haben Sie in Ihrem Leben? Welche davon tun Ihnen gut, welche weniger? Was wollen Sie ändern?

- Jetzt kommt der Wunschzettel! Mit welchen (konkreten) Menschen - oder mit welcher Art Menschen wollen Sie in Zukunft Kontakt haben, die bisher noch gar nicht in Ihrem Leben sind?

There is no greater power than a community discovering what it cares about.

MARGARET WHEATLEY

SIEBEN 8
WIE WIR EINE COMMUNITY STARTEN

März 2020. Ich öffne das Fenster und schaue in den Innenhof. Die Sonne ist vor ein paar Minuten untergegangen, draußen ist es kalt geworden. Trotz Jacke und Schal fröstelt es mich. Ich setze mich aufs Fensterbrett, verbinde mein Handy mit einer Box und warte, bis die Musik beginnt. *Always look on the bright… side of life*. Etwas kitschig, aber was soll's. Momentan ist alles erlaubt, was hilft. Nach ein paar Sekunden geht schräg gegenüber, am anderen Ende des Innenhofs, ein Fenster auf. »Hallo!«, ruft eine Frau mit kurzen Haaren und winkt. Die Frau heißt Christiane, ich kenne sie von einem Hoffest, das wir im vorangegangenen Sommer gefeiert haben. Damals war Christiane neu eingezogen im Hinterhaus. Sie erzählte, dass sie jede Woche reiten gehe, etwas außerhalb von Hamburg, und ich sagte, dass ich gern einmal mitkommen würde. Dann kam der Alltag, und bis auf ein, zwei Mal Grüßen beim Müllwegbringen haben wir uns nicht mehr gesehen.

»Wie geht's?«, ruft sie jetzt, und während ich antworte, öffnet sich ein Stockwerk tiefer ein zweites Fenster: ein junges Paar, Angela und Felipe. Auch sie habe ich beim Hoffest kennengelernt. Die beiden kommen aus Kolumbien, wir wollten uns treffen, um Deutsch zu lernen. Dann kam der Alltag. Einmal habe ich Angela auf dem Weg zum Waschkeller gesehen, wir haben uns lose zum Kaffee verabredet, aber auch daraus wurde nichts. Ein Stockwerk über mir öffnen sich zwei Fenster: Frank und Kiki, die schon seit mehr als dreißig Jahren hier im Haus leben. Frank steht in der Küche beim Kochen, Kiki im Wohnzimmer. Die beiden sind die Einzigen hier, die ich regelmäßig sehe. Manchmal kommen sie zum Kaffee vorbei oder wir zum Kuchen. »Wer hat das Lied rausgesucht«, ruft Frank, »du oder Nik?« »Ich!«, antworte ich und freue mich, dass ich nicht die Einzige bin, der es gerade aus dem Herzen spricht.

Noch ein Fenster geht auf, oben rechts im vierten Stock, Gabi. Auch sie wohnt seit mehr als dreißig Jahren im Haus. Vor ein paar Wochen waren wir das erste Mal bei ihr zu Gast. Sie hatte in Sydney ihre Tochter und ihren neugeborenen Enkelsohn besucht und nach ihrer Rückkehr spontan das ganze Haus eingeladen, weil sie völlig übermüdet ihren Jetlag mit einer Sonntagnachmittag-Party austricksen wollte. Nik und ich waren die Einzigen, die Zeit hatten. Gabi erzählte eine Geschichte nach der anderen, und irgendwann hatte ich Bauchmuskelkater vor Lachen. Jetzt steht am Fenster neben Gabi eine junge Frau. »Das ist Lotte«, ruft Gabi auf Englisch. Sie muss fast brüllen, damit wir sie unten gut hören. »Meine neue Mitbewohnerin aus Dänemark.« Wir stellen uns reihum vor, und links unterm Dach geht noch ein Fenster auf. Ein junger Mann. »Ich bin Schischir«, ruft er, »das heißt Winter auf Hindi.« Er hält sein Handy in unsere Richtung. Am anderen Ende ist seine Frau Megha, die momentan in Indien feststeckt. Sie war zu Besuch bei ihrer Familie, Schischir wollte nachkommen. Jetzt darf er nicht mehr nach Indien reisen und sie nicht mehr zurück. Wir alle stecken fest, im selben Haus. Es ist der vierte Tag, an dem wir unsere Wohnungen nicht mehr verlassen – von wenigen Spaziergängen und Einkäufen abgesehen. Damit wir nicht vollkommen vereinsamen, haben wir beschlossen, uns jeden Abend um 19 Uhr am Fenster zu treffen. Mehr als drei Monate lang werden wir uns bis auf wenige Ausnahmen jeden Abend am Fenster sehen.

Gabi, die Nachbarin aus dem vierten Stock, hat einen Limerick gedichtet über unser Haus und es bei einem unserer Treffen vorgelesen, Schischir – er ist Musiker – spielte uns sein neuestes Lied vor, und Christiane, die Frau, mit der ich seit einem Jahr reiten gehen will, projizierte eine kleine Lightshow dazu auf unsere Hauswände. Frank, der über uns wohnt und als Koch arbeitet, bereitete für uns alle Chicken Tikka Masala zu und bedankte sich bei uns: Weil er sich dafür stundenlang in ayurvedische Küche eingelesen hatte, musste er fast den ganzen Tag nicht an Corona denken. Angela aus Kolumbien besorgte für jede*n von uns ein spezielles Getränk und stellte es zusammen mit einer Liste von Komplimenten vor unsere Türen. »Wir alle haben etwas beizutragen, von emotionaler Unterstützung bis zu organisatorischen Fähigkeiten«[238], schreibt die Community-Expertin Radha Agrawal. Und: »Zugehörigkeit hat mit geteilten Werten und Verantwortung zu tun, mit dem Wunsch, daran mitzuwirken, deine jeweilige Community zu verbessern. Es geht darum […] aufzutauchen und deine einzigartigen Gaben anderen anzubieten. Du kannst dich nicht zugehörig fühlen, wenn du nur nimmst.«[239]

Wir haben einen Kinoabend veranstaltet und mit dem Beamer Kurzfilme auf die Wand des Nachbarhauses projiziert. Wir sangen Karaoke, auf einer kleinen Bühne im Innenhof und mit Publikum an den Fenstern. In der Nacht vor Ostern machten wir ein

Lagerfeuer in einer Grillschale. Den 1. Mai feierten wir mit einem bayerischen Abend, mit Brezen, Obazda, Blasmusik und Bier, und irgendwann sagte Schischir: »Stellt euch mal vor, jemand hätte mir vor fünf Jahren gesagt, dass ich heute in Hamburg sein werde und mit einer Gruppe Nachbar*innen bayerische Traditionen kennenlerne – nie im Leben hätte ich das geglaubt!« Ich hätte es auch ein halbes Jahr zuvor nicht geglaubt.

Manchmal filmten wir unsere Abende und verschickten sie dann in alle Welt: Schischir nach Indien, Angela nach Kolumbien, Gabi an ihre Tochter nach Australien und ich an meine Familie nach Bayern. Bei jedem Treffen redeten wir. Über unseren Tag, unsere Highlights, unsere Sorgen – mal eine halbe Stunde lang, mal eine ganze. Abend für Abend haben wir uns so kennengelernt. Menschen, von denen ich teilweise gar nicht gewusst hatte, dass sie in unserem Haus wohnten, waren auf einmal Freund*innen geworden. Sie kannten meine Schwächen, meine Stärken, meine Träume, meine Sorgen. Sie wussten, wie ich energiegeladen aussehe und wie nach einem anstrengenden Tag. Plötzlich zählten sie zu denen in meinem Leben, vor denen ich nichts zu verstecken hatte. Ich fühlte mich aufgehoben und weniger allein. »Einer der größten Vorzüge, Teil einer Community zu sein, ist, dass wir uns nicht erklären müssen«, schreibt der Berater für Community-Building Charles Vogl in seinem Buch *The Art of Community.* »Wir wollen uns gesehen und verstanden fühlen, ohne die Anteile erklären zu müssen, die Außenstehende nicht begreifen.«[240]

Gesehen zu werden – für die Aktivistin und Antirassismus-Trainerin Michelle Cassandra Johnson steckt genau darin das Potenzial, das Communitys für uns als Einzelne, aber auch für uns als Gesellschaft haben. In ihrem Buch *We Heal Together* heißt es: »Wir heilen, wenn andere uns wahrnehmen und wenn wir andere wahrnehmen. Es geschieht, wenn wir wissen, dass wir gesehen werden, und wenn wir unsere Fähigkeit vertiefen, andere zu sehen und mit ihnen zu sein, so wie sie sind.«

~

Eines Nachmittags schaue ich aus dem Fenster und sehe, wie Gabi beharrlich mit einer Bürste und einem Eimer Wasser die Mauern in unserem Hof putzt. Draußen ist es kalt, sie hat eine Winterjacke an, trotzdem sieht sie nicht gehetzt aus. Strich für Strich säubert sie die Mauern. Unter einer grün veralgten Schicht spült sie strahlend weiße Wände hervor. Ich schaue ihr eine Weile zu, und aus irgendeinem Grund beruhigt es mich, dass sie – einfach so – eine Stelle im Hof schrubbt. Am nächsten Tag fängt eine andere Nachbarin an, ein Stück Wand zu putzen, am dritten Tag stehen Nik und ich draußen. »Wie bei Tom Sawyer«, scherzt Gabi, und ich antworte: »Dann bin ich ja froh, dass ich kein Geld bezahlen muss, damit ich putzen darf.« Nach einer Woche bringt eine Nachbarin einen Kärcher von der Arbeit mit, und eines Abends stehen wir alle zusammen – mit Abstand – im Hof, kratzen Algen und Moos aus den Ritzen, fegen Dreck zur Seite und kärchern so lange, bis wir merken, dass die Fliesen in unserem Hof zwei verschiedene Farben haben. Wir hängen Wimpelketten auf, von Fenster zu Fenster, ein paar Lichterketten, eine Nachbarin stellt eine Kerze ins Fenster. Wir pflanzen Blumen, träumen von einer kleinen Sitzecke, und auf einmal ist es schön, aus unseren Fenstern nach draußen zu schauen. Dorthin, wo bis vor Kurzem nur grauer Beton und Algen zu sehen waren.

Ich denke an einen Spruch, den ich irgendwann mal gelesen habe. *First take care of your apartment, then save the world.* Unsere Nachbar*innen und wir haben angefangen, uns um unseren Hof zu kümmern, einfach nur, weil wir ihn jetzt mehr sehen und nutzen. Mit einem Mal erscheinen einige Schritte ganz logisch: Aufräumen, Putzen, Pflanzen besorgen, etwas Farbe, Lichter. Nichts davon war mir vor Corona jemals in den Sinn gekommen. Ich frage mich, für welche Bereiche in meinem Leben das noch gilt: Dass ich mich ihnen nicht widme, einfach, weil sie nicht deutlich genug in mein Blickfeld geraten. Und ich frage mich, warum es so viel einfacher ist, unsere Nachbar*innen kennenzulernen, seit wir alle gezwungen sind, zu Hause zu bleiben.

An einem Tag verbringe ich ein paar Stunden auf einem improvisierten »Balkon« in unserem Wohnzimmer: den Esstisch an die Wand geschoben, sitze ich bei offenem Fenster fast wie im Freien. Eingepackt in eine Decke, mit Wärmflasche und Tee, schaue ich der Welt da draußen beim Treiben zu. Mittags kommen Kiki und Frank, die über uns wohnen, zum Federballspielen in den Park. Kurz darauf läuft Schischir unter unserem Fenster vorbei, auf dem Weg zum Supermarkt, um sich Essen zu holen. Er trifft einen anderen Nachbarn, der gerade zurück in seine Wohnung geht. Ich spreche mit keinem der vier, aber schon sie zu sehen, fühlt sich an wie »zu Hause«. Als wären unsere zwei Häuser und der Innenhof dazwischen nicht mehr nur ein Gebäude, sondern ein Ort, an dem Menschen zusammenwohnen. Unser Haus lebt jetzt. Und hinter jeder Tür schlagen laut ein, zwei, drei Herzen.

Es gibt auf Dari einen Ausdruck: *i su – u su*. Wörtlich übersetzt bedeutet er: hierhin – dahin. Oder: diese Richtung – jene Richtung. Ich benutze ihn vor allem, um eine Stimmung zu beschreiben. Wenn ich mich verloren habe, nicht mehr weiß, wo mir der Kopf steht, oder wenn ich merke, dass ich in Gedanken an tausend Orten gleichzeitig bin, dann sage ich zu meinem Partner: ich fühl mich »isu usu« heute. Das hat nicht immer etwas damit zu tun, an wie vielen verschiedenen Orten ich tatsächlich war, aber in Zeiten, in denen ich jede Woche in mehrere Städte gereist war, ist es mir oft auch schwerer gefallen, innerlich an einem Ort zu bleiben. Und wenn ich gar nicht richtig da bin – wie soll ich dann jemanden kennenlernen? Wie soll ich jemanden wirklich treffen, von Herz zu Herz, wenn ich mich gerade selbst verloren habe?

Vielleicht ist das banal, aber meine Nachbar*innen jeden Tag zu sehen, hilft mir, bei mir selbst zu bleiben. Ich fühle mich »grounded« und merke, wie mich unser neues Ritual zurückholt aus Gedankenspiralen ins Hier und Jetzt. Gerade an Tagen, an denen ich mich eigentlich nur noch verkriechen will. Merkwürdigerweise sind das die wertvollsten Momente für mich: wenn eine*r von uns erzählt, dass der Tag kein besonders guter war. Wenn jemand nicht viel sagt, weil die Worte fehlen oder weil wir erschöpft sind. Wenn eine*r ans Fenster kommt und sagt: Ich habe schlechte Laune, ich wollte nur kurz Hallo sagen.

Es sind die Momente, in denen wir uns zeigen. In denen wir merken, dass wir uns jetzt gut genug kennen, um ehrlich sein zu können. Dass wir uns nicht anpassen müssen oder verstellen, sondern dass wir dazugehören, so wie wir sind, sogar mit schlechter Laune. Michelle Cassandra Johnson nennt dieses Gefühl »Die Magie, die entstehen kann, wenn Menschen tatsächlich zusammenkommen und einander wahrnehmen und sie sich nicht gerade gut fühlen. Sie sind nicht glatt und geschliffen, sie sind roh und sie sind verwundbar.«[241]

Wenn ich anderen Leuten von unseren Fensterfesten erzähle, sagen sie meistens: »Wow! Was habt ihr denn für ein tolles Haus!« Und das stimmt. An vielen Tagen denke ich: Was für ein Glück, dass wir alle ausgerechnet hier gelandet sind! Schon nach wenigen Wochen ist aus einem Dutzend in einer Großstadt versprengter Menschen so was wie eine Ersatzfamilie geworden. Einfach unglaublich! Gleichzeitig denke ich: Das geht in jedem Haus. Rückblickend betrachtet, war es nicht schwer. Wir haben einen Zettel aufgehängt: Wir sind ab jetzt jeden Abend da – wer Lust hat, kommt dazu. Der Rest ist dann einfach passiert. Nicht am ersten Abend, nicht am zweiten und nicht am fünften. Wir haben uns eine Weile immer wieder gesehen und getroffen, ohne große Erwartungen, und das war genug.

~

Die Historikerin Rebecca Solnit beschreibt Beziehungen zu anderen Menschen, ein Gemeinschaftsgefühl und die Stärke, die daraus hervorgeht, als entscheidende Ursachen dafür, dass Krisen zu positiven Veränderungen führen können. Solnit hat Naturkatastrophen, Wirtschaftskrisen und Bombardements im 20. Jahrhundert untersucht und die Reaktion derjenigen, die ihnen ausgesetzt waren. Sie schreibt: »Was mich stutzen ließ an der Art, wie manche Leute auf Katastrophen reagieren, war nicht so sehr ihre Tugendhaftigkeit, weil Tugendhaftigkeit oft aus Sorgfalt und Pflichtbewusstsein entsteht«, schreibt sie. »Was mich stutzen ließ, war eher die leidenschaftliche Freude, die aus den Erzählungen mancher Leute strahlte, die gerade so überlebt hatten.« Die Betroffenen, so Solnit, hätten plötzlich gemerkt, wie viel sie selbst verändern können. »Sie fanden einen Sinn, eine Gemeinschaft und unmittelbare Verbesserungen dadurch, dass sie mit anderen Überlebenden zusammenhielten«, schreibt sie. »Die Zeitzeugnisse aus einem ganzen Jahrhundert, die ich für mein Buch *A Paradise Built in Hell* gesammelt habe, legen nahe, wie sehr wir uns ein Leben wünschen, in dem unsere Mühen etwas bedeuten, in dem wir an der Zivilgesellschaft teilhaben.«[242]

Jedes Unglück bringt uns Menschen näher zusammen. Und es ist dieser Zusammenhalt – neben allem Leid –, woran sich Menschen auch nach Jahren noch erinnern. Dieser Zusammenhalt ist, was unser Leben, unsere Gesundheit, unser Glück prägt. In guten wie in schlechten Zeiten. Als ich zu Beginn der Pandemie einer Bekannten von meinen Gedanken zu Gemeinschaft und Beziehungen erzählte, sagte sie: »Ich verstehe dich schon. Aber ich glaube, es gibt halt auch immer Leute, die einfach nicht mitmachen wollen. Die gar kein Interesse an Zusammenhalt haben.« Und das stimmt. Auch in unserem Haus machten damals nicht alle Nachbar*innen mit. Manche kamen ab und an dazu, manche nie, manche winkten kurz aus der Ferne. Und einer unserer Nachbarn wurde regelmäßig grantig, wenn wir uns trafen. Bei unserem Lagerfeuer am Abend vor Ostern rief er die Polizei wegen »Geruchsbelästigung«, und wir mussten unser Feuer löschen. Beim Karaoke-Abend rief er aus dem Fenster, wir seien zu laut. Und als zwei von uns die Wände mit dem Dampfreiniger sauber machten, kam er und sagte: »Ich hab noch nie so viele dumme Leute an einem Ort gesehen. Das Saubermachen ist Aufgabe der Hausverwaltung – und außerdem gehört das hier alles neu gestrichen und nicht einfach nur geputzt.« Vorher hatten wir noch darüber gewitzelt, dass es bei dieser Aktion nun wirklich unmöglich sei, sich zu beschweren. Die Aktivistin Michelle Cassandra Johnson schreibt:

> *Wir bewegen uns in dieser Welt mit verschiedenen Identitäten, Sichtweisen, Privilegien und Unterdrückungserfahrungen. Unsere Existenz als Menschen ist nicht gepflegt und ordentlich, und so werden auch unsere Verständigung und unsere Erfahrungen, wenn wir als Gruppe zusammenkommen,*

nicht gepflegt und ordentlich sein. Es wird chaotisch und zerfahren sein, und das ist okay.[243]

Als mir zwei Nachbar*innen von einem erneuten Wutausbruch erzählten, hatte ich auf einmal das Gefühl, unseren grantigen Nachbarn zum ersten Mal zu verstehen. Vielleicht war das Gemotze einfach seine eigene Art, Kontakt aufzunehmen. Ich konnte mir nicht vorstellen, dass er jemals Lust haben könnte, bei einem unserer Treffen wirklich mitzumachen. Aber durch seine Meckereien war er auf bizarre Art und Weise doch irgendwie Teil davon geworden. Ich glaube, das gilt auch allgemein, für unsere Gesellschaft im Großen und für Gemeinschaft im Kleinen: Alle sind eingeladen, mitzumachen – und die, die es nicht tun, sind trotzdem Teil davon. Ob uns das passt oder nicht, spielt keine Rolle.

~

Bei der Recherche zu diesem Buch habe ich gelernt, dass wir damals in Hamburg, ohne es geplant zu haben und sogar ohne es zu wissen, (beinahe) alle Kriterien erfüllt haben, die Expert*innen für entscheidend halten, damit Gemeinschaft gelingt. Charles Vogl ist Berater für Community-Building. Er arbeitet mit Unternehmen wie Google, Airbnb oder der U.S. Army. Sein Buch *The Art of Community* ist so etwas wie eine Gebrauchsanleitung für alle, die eine Gemeinschaft aufbauen wollen. Vogl schreibt: »Gemeinschaft entsteht, wenn mindestens zwei Personen sich gegenseitig um das Wohlbefinden der anderen kümmern.«[244] Dabei gäbe es keine einfache Formel. Was für die eine Gemeinschaft funktioniere, sei nicht automatisch auch ein passendes Rezept für die andere.[245] Der Aspekt des Sich-umeinander-Kümmerns sei jedoch entscheidend. Gruppen, die vor allem Ideen austauschen oder gleiche Interessen verfolgen, in denen die Mitglieder sich aber nicht für das Wohlbefinden der anderen mitverantwortlich fühlen – wie zum Beispiel Greenpeace oder ein Verein zur Unterstützung eines Museums –, seien daher deshalb keine Communitys in diesem Sinn.[246] Jede Community hätte, bewusst oder unbewusst, bestimmte Wertvorstellungen, die die Gruppe miteinander verbindet. »Die Werte einer Gemeinschaft entwickeln sich mit der Zeit […] Es ist nicht wichtig, dass ihr am ersten Tag die letztendlichen Werte eurer Gemeinschaft erkennen und benennen könnt. Tatsächlich wird es vielleicht ein wenig Zeit brauchen, um zu verstehen, welche Dinge euch wichtiger sind als andere.«[247]

Auch bei unseren Nachbarschaftstreffen haben wir erst nach und nach verstanden, was uns allen wichtig ist. Wir starteten, indem wir Kontakt zueinander hielten, vielleicht auch Struktur fanden in einem neuen plötzlichen Ausnahmezustand. Mit der Zeit kam unser gegenseitiges Wohlbefinden, das Schönhalten unseres Innenhofs – eben: Nachbarschaft! – mit dazu, außerdem Spaß und Ablenkung vom Stress, den die Pandemie verursacht hatte, und schließlich: gutes Essen. Laut Vogl sei es wichtig, die Werte einer Community zu kennen, da man sonst möglicherweise die Leute anspräche, die in Wirklichkeit nicht gut zur Community passten. In schnell wachsenden Gemeinschaften sei maßgeblich, dass potenzielle Mitglieder am Gemeinschaftsleben teilnehmen können, bevor sie sich den Werten der Community verschreiben.[248] Bei unseren Nachbarschaftstreffen hatten wir das – ohne es zu ahnen – berücksichtigt. Nachbar*innen waren eingeladen, jederzeit neu einzusteigen, auch für einzelne Treffen oder Abende und ohne sich an allen Aktivitäten beteiligen zu müssen. Wichtiger, als Wertvorstellungen offiziell und explizit zu benennen, ist laut Vogl, diese zu leben. Taten vor Worten. Gerade bei religiösen Gemeinschaften, schreibt Vogl, der in christlichem Kontext zivilisiert worden ist, widersprechen die gelebten Werte oft den behaupteten.

Ein anderes wichtiges Element im Community-Building sind laut Vogl Rituale: »Jede Tätigkeit, die den Moment oder eine Veranstaltung als besonders und wichtig hervorhebt. Diese Handlungen sind durchdrungen von Bedeutung. Sie verbinden die Gegenwart mit Dingen aus der Vergangenheit und mit unserer Hoffnung für die Zukunft.«[249] Rituale seien ein Mittel, um Sinn in unser Leben zu bringen. Sinnhaftigkeit wiederum könne in Zeiten von Chaos und Wandel ein Gefühl von Stabilität erzeugen.

Was das bedeutet, habe ich gemerkt, als mein Vater letzten Frühling mit einem Schlaganfall im Krankenhaus landete. Es war kurz vor Ostern. Da mein Vater die Gewohnheit hat, am Freitag vor Ostern Eier zu färben, holten wir ein Dutzend Eier aus unserem Hühnerstall, packten Eddings in mehreren Farben ein und verlegten das Verzieren kurzerhand auf die Intensivstation. Zugegebenermaßen: Die Eier sahen etwas anders aus als in den Jahren davor. »112« stand auf einem, die Blutdruckwerte meines Vaters auf einem anderen. An unserem Gefühl, das wir an diesem Nachmittag bekamen, änderte es nichts: Komme, was wolle, wir färben Ostereier. So schnell kann uns eben nichts aus den Latschen hauen.

Und auch bei unseren Treffen zu Beginn der Pandemie verhalfen mir unsere Rituale zu mehr Stabilität im Alltag. Die Highlight-Runden, bei denen wir uns von schönen Momenten des jeweiligen Tages berichteten und über die ich oft noch Tage später immer wieder nachdachte. Aber auch unsere besonderen Events am Abend, wenn wir Karaoke sangen, Filme schauten, gemeinsam aßen, fühlten sich nach dem zweiten oder dritten Mal an wie ein Ritual. Es war nichts, das wir zufällig machten. Wir taten es, weil genau das unser Zusammensein ausmachte. Wir waren nicht mehr nur Nachbar*innen. Wir waren die, die mitten im Chaos zusammen waren, zusammenhielten. »Wenn du an den Traditionen und Ritualen einer Gemeinschaft teilnimmst, egal ob groß oder klein, wirst du unweigerlich eine tiefere Verbindung zu ihr verspüren«[250], schreibt die Community-Expertin Radha Agrawal.

Laut Vogl verändern sich Rituale mit der Zeit – und sollten das auch tun. Wenn wir Traditionen genau gleich beibehalten würden, sei die Wahrscheinlichkeit nämlich groß, dass wir über die Jahre etwas erhalten, das nicht mehr genauso gut zu der jeweiligen Community passe wie zu deren Beginn. Ziel müsse sein, die Zukunft zu gestalten und nicht »die Vergangenheit mit sich zu schleppen«[251].

~

Neben gemeinsamen Wertvorstellungen und Ritualen braucht jede Community laut Vogl das, was er einen Tempel nennt. Einen Ort, an dem Menschen zusammenkommen können. Dieser Ort müsse jedoch nicht zwingend immer der gleiche sein. Wichtig sei nur, dass die Mitglieder einer Community Gelegenheit haben, sich von Angesicht zu Angesicht zu treffen. Aber natürlich helfe es, dem Ort selbst mit Wertschätzung zu begegnen.[252] Unser Hamburger Tempel war der Innenhof, den wir von Woche zu Woche und angefangen mit Gabis kurzer Putzaktion schöner, bunter und frischer werden ließen.

Außerdem: Symbole – hier empfiehlt Vogl, sie nicht zu eindeutig zu wählen, sondern etwas Spielraum zu lassen[253] – und Andenken oder Souvenirs, »als Erinnerung daran, dass andere sich für uns einsetzen und uns in unserem Leben unterstützen wollen«[254]. An beides hatten wir bei unseren Treffen in Hamburg nicht gedacht – noch mehr: Wir kannten die Dinge nicht mal als Kategorien. Im Nachhinein glaube ich sie trotzdem zu finden.

Heute würde ich sagen, dass unsere Symbole die meterlangen bunten Wimpelketten waren, die wir von einem Fenster zum anderen knoteten (mit einer ziemlich umständlichen Technik, sie jeweils zwischen uns hin und her zu werfen). Eigentlich waren sie nur als Dekoration gedacht – und vielleicht sind sie für manche der Nachbar*innen auch genau das geblieben. Für mich wurden sie mit der Zeit eine Erinnerung daran, dass wir – buchstäblich – miteinander verbunden sind, und zwar rund um die Uhr. Ich weiß noch, dass ich mich jedes Mal freute, wenn ich den Innenhof durchquerte, um meine Wäsche in den Keller zu bringen oder ein Fahrrad zu holen, und dabei die Wimpel im Wind flattern sah. Mehrfach habe ich die bunten Flecken vor blauem Himmel mit Sonne fotografiert, und ein paarmal schaute ich nachts einfach so aus dem Fenster, um sie anzusehen und mir vor Augen zu führen, dass wir tatsächlich etwas verändert und die Welt unmittelbar um uns herum zu einem besseren Ort gemacht hatten.

Als wir schließlich im Herbst nach Bayern zogen, nahmen wir eine der Wimpelketten aus Hamburg mit. Sie hängt bis heute in unserem Garten. Etwas verblichen und zerfleddert, gezeichnet von Stürmen und Winden aus vier Jahren, erinnert sie mich immer noch jeden Tag daran, was Nachbarschaft im besten Sinne bedeuten kann.

~

Natürlich brauchen wir nicht alle Elemente von Vogls Gebrauchsanleitung, bevor wir uns in einer Gemeinschaft verbunden fühlen können. Wenn wir aber gezielt eine Community aufbauen wollen und nicht wissen, wo wir anfangen sollen, dann können sie uns helfen, uns Schritt für Schritt voranzutasten. Manchmal entstehen Communitys aber auch einfach so – wie unsere Fenstergemeinschaft in Hamburg. »Eine Gemeinschaft aufzubauen, kann einfach aussehen«, schreibt Vogl, »sogar banal. Aber es kann auch eine lebensverändernde Erfahrung sein.«[255]

Genauso wie Freundschaften sind Communitys vergänglich. Uns das klarzumachen, kann helfen, dass wir nicht enttäuscht sind, wenn eine Gemeinschaft ihre Regelmäßigkeit verliert, ihre Form verändert oder sogar ganz in sich zusammenfällt. Gemeinschaften müssen nicht bis in alle Ewigkeit bestehen, um Bedeutung und Nutzen zu haben und die Welt um sie herum zu verändern. Die Community-Expertin Radha Agrawal schreibt: »Wenn du merkst, dass es passiert, anstatt zu denken, es ist nicht mehr so, wie es war, denk daran: Es soll gar nicht sein, wie es immer war! Alles entwickelt sich weiter, Gemeinschaften und Beziehungen auch, und das ist schön! Lasst uns lernen, das anzunehmen!«[256]

Auch unsere Treffen am Fenster haben damals nach ein paar Monaten aufgehört – fast genauso plötzlich, wie sie begonnen hatten, und ohne speziellen Grund. Vielleicht lag es daran, dass der Ausnahmezustand zum Alltag geworden war und wir alle wieder in unsere eigenen Leben gesogen wurden. Als symbolischen Abschluss hat uns Gabi einen Tag lang in ihr Wochenendhäuschen an der Elbe eingeladen. Wir schwammen, sonnten uns, lachten viel. Abends saßen wir unter freiem Himmel an einer langen Tafel zusammen und ließen die Highlights der vorangegangenen Monate Revue passieren.

~

Auch wenn unsere Treffen zeitlich begrenzt waren, geblieben ist dennoch etwas, neben den Blumen, die immer noch im Hof stehen. Zuallererst Freundschaften. Diejenigen Nachbar*innen, die ich davor schon kannte, sind mir seither noch mehr ans Herz gewachsen. Einige neue Freundschaften sind entstanden, manche unserer Nachbar*innen haben uns in Bayern besucht. Bis heute gibt es die damals entstandene Whatsapp-Gruppe – alle, die neu ins Haus einziehen, werden direkt eingeladen. Ein Großteil der Nachrichten dreht sich um Pragmatisches: Wer hat mein Paket angenommen? Vorsicht, ich parke kurz in der Einfahrt. Aber es geht auch darum, Sachen zu teilen: eine Waschmaschine, eine Kuchenbackform, Werkzeug. Als Gabi einmal bei ihrer Tochter in Australien ist und es in Hamburg gerade außergewöhnlich viel schneit, schicken ein paar aus der Gruppe Schneefotos, damit ihr das Spektakel auch in der Ferne nicht entgeht. Mein Lieblingsnachrichtenwechsel aber war, als eine Nachbarin fragte, ob jemand gerade zufällig Zitronenkuchen backe – es ziehe so ein köstlicher Duft durch ihr Schlafzimmer – und dann mehrere Nachbar*innen Lust auf Kuchen bekamen und jeweils anboten, einen zu backen. Und noch etwas ist geblieben von unseren Treffen vor vier Jahren: die Erkenntnis, dass wir nicht nur gerne in Gemeinschaft leben wollen, sondern dass wir es auch können. Dass es nicht hundert Schritte braucht, sondern nur ein paar, damit die Dinge anfangen, sich zu bewegen.

Charles Vogls Interesse für Communitys entspringt seinem eigenen Leben. *Er* beschreibt, wie einsam er sich als junger Mann, neu nach New York gezogen, gefühlt habe. Ein Bekannter habe ihm von dem irischen Schriftsteller C.S. Lewis erzählt, der sich eingehend damit beschäftigt hat, wie wir es schaffen können, uns zugehörig zu fühlen. »Lewis' Lösung war, etwas zu finden, das wir gerne und oft tun. Dann andere dazu einzuladen, sich uns anzuschließen, wenn ihnen die gleiche Sache Spaß macht [...] Ich fühlte mich inspiriert von der Idee, dass, wenn ich keine zu mir passende Gemeinschaft finden konnte, es vielleicht möglich war, sie selbst zu erschaffen.«[257]

Während seines Studiums in Yale begann Vogl, zusammen mit seiner Frau, jeden Freitag bei ihnen zu Hause ein mehrgängiges Abendessen zu veranstalten. Anfangs luden sie alle ein, an die sie nur denken konnten, manchmal war die Wohnung voller Leute, manchmal kamen nur eine Handvoll Menschen vorbei. Mit der Zeit aber etablierten sich die Abendessen zu einer Art Institution – inklusive Gäste- und Warteliste und einer Menge Freiwilliger, die beim Vorbereiten, Einkaufen und Zubereiten unterstützten und irgendwann selbst Abendessen ausrichteten. Für Vogl funktionierte der Tipp von C.S. Lewis: »Während ich mit den Freiwilligen für unsere Abendessen zusammenarbeitete, alte Familienrezepte kochte, zusammen an unserem Tisch lachte und unsere Küche aufräumte, entstanden viele meiner engsten Freundschaften.«[258]

Tu, was du liebst, tu es jeden Tag, und dann lade andere ein, sich dir anzuschließen. Auf den Tipp, den Charles Vogl nach seiner Ankunft in New York bekommen hat, stoße ich bei meinen Recherchen zu diesem Buch immer wieder – sei es in den Büchern anderer Expert*innen oder im Gespräch mit Menschen, denen ich von diesem Buch erzähle. Und natürlich kennen wir die Dynamik auch aus dem gesellschaftlichen Leben. Eine der größten Bewegungen unserer heutigen Zeit, Fridays for Future, hat schließlich genauso begonnen: damit, dass eine Schülerin Tag für Tag tat, was ihr am Herzen lag, und nach und nach andere einlud, sich ihr anzuschließen. »Oft sind die Dinge, die wir in unserem Leben vermissen, Dinge, die auch anderen fehlen«,[259] schreibt die Community-Builderin Mia Birdsong.

Wenn wir eine neue Community starten wollen – egal ob in unserem Privatleben oder weil wir in einem politischen Bereich

Verbündete suchen –, müssen wir uns also erst einmal mit uns selbst verbinden: Was ist mir wichtig? Nicht nur wichtig, sondern so wichtig, dass ich es jeden Tag tun möchte? So wichtig, dass schon die Vorstellung davon mich zu erfüllen beginnt? Nehmen wir uns Zeit für diese Frage. Sie ist der Grundstein für jede Community, und ohne eine passende Antwort darauf steht unsere Community auf wackeligem Fundament.

~

Auch wenn Greta Thunberg ein Vorbild sein kann, wir müssen uns bei unserer Suche nach Verbündeten nicht am Erfolg ihrer Taten messen. Eine Community muss nicht erst eine weltweite riesige Bewegung sein, um etwas in der Welt zu verändern und gleichzeitig unser eigenes Leben zu bereichern. Erinnern wir uns an Vogls Erkenntnis: Gemeinschaft beginnt, wenn zwei Leute anfangen, sich umeinander zu kümmern. »Kein anderer kann sich in die eigene Einsamkeit hineindrängen und sie fortzwingen«, schreibt der Philosoph Svendsen. »Aber man kann jemanden in seine Einsamkeit hineinlassen, und dann ist die Einsamkeit nicht mehr länger eine Einsamkeit, sondern eine Gemeinschaft.«[260]

Unabhängig davon, was uns antreibt, die Gemeinschaft mit anderen zu suchen, und was uns mit anderen zusammenhält, empfiehlt die Forscherin Brené Brown, darauf zu achten, unter welchen Umständen wir zusammenkommen. Wie wir uns begegnen, in welchen Momenten und Situationen wir uns treffen und auf welche Art wir uns gegenseitig zeigen. Ihr Credo ist dabei eindeutig: Entscheidend ist, Momente von Freude oder Schmerz mit anderen zu teilen. In diesen Zuständen, so Brown, zeigen wir uns so, wie wir tatsächlich sind. Das wiederum hilft, um uns auf eine tiefere Art mit anderen zu verbinden: »Wahre Zugehörigkeit ist nichts Passives […] Es geht um eine praktische Erfahrung, die wir nur machen können, wenn wir verletzlich sind, wenn wir die Bequemlichkeit hinter uns lassen und lernen, in der Gegenwart von anderen vollständig da zu sein, ohne dass wir das, was uns ausmacht, verraten.«[261]

Auch die Aktivistin Johnson hat sich mit emotionalem Schmerz beschäftigt. Sie selbst verspüre in solchen Momenten häufig den Impuls, sich zurückzuziehen und für sich zu sein. Mit der Zeit habe sie aber gemerkt, dass es genau diese Momente sind, in denen es wertvoll und wichtig ist, sich mit anderen zu verbinden.[262] Browns Ansicht nach liegt das vor allem an der Verletzbarkeit, die wir in solchen Zeiten erleben. Sie schreibt:

> *Wie ich in meinen anderen Büchern geschrieben habe, ist wohl tatsächlich die Freude das Gefühl, das am verletzlichsten macht. Sobald wir uns selbst erlauben, es zu fühlen, befürchten wir, von Unglück oder Enttäuschung hinterrücks überrumpelt zu werden.*[263]

Ähnlich sei es mit Schmerz. Es koste enormen Mut, uns selbst zu erlauben, den Schmerz überhaupt zu fühlen, so Browns Erfahrung aus jahrzehntelanger Forschung.

> *»Viele von uns wissen nicht mehr, wie man mit anderen Menschen in Trauer zusammensitzt. Schlimmer noch, unser Unbehagen zeigt sich in Formen, die Trauernde verletzen und ihre Isolation verstärken können«*[264]*, schreibt die Forscherin. »Oft sind wir, wenn wir leiden, besser darin, Schmerz zu verursachen, als Schmerz zu fühlen. Wir geben den Schmerz weiter, anstatt die*

Verletzlichkeit in unserem Herzen zuzulassen. Damit wir also Momente kollektiver Freude suchen und an kollektivem Schmerz teilhaben können, müssen wir mutig sein.«[265]

Und noch etwas brauchen wir: Wenn wir Freude geben und teilen wollen, müssen wir sie zuerst einmal selbst empfinden. »Wir können nicht für etwas kämpfen, wenn wir es nicht selbst im Herzen tragen«[266], schreibt Brown. Vielen Leuten fällt aber gerade das schwer, besonders in politisch angespannten Zeiten. Wie kann ich mich freuen, lachen, Spaß haben, wenn gleichzeitig an so vielen Orten die Welt zusammenzubrechen scheint, wenn Menschen hungern, bombardiert werden und auf der Flucht nach einem abgeschotteten Europa ihr Leben riskieren? Brown empfiehlt in diesem Zusammenhang, sich folgende Frage zu stellen: Inwiefern bin ich Teil des Problems, und inwiefern kann ich Teil der Lösung sein? Sie rät aber auch, sich eines bewusst zu machen: Die Tatsache, dass andere Menschen es schwerer haben, bedeutet nicht, dass ich selbst keine Freude erleben und sogar aktiv danach suchen darf.

Die Antirassismus-Trainerin Michelle Cassandra Johnson sieht sogar ein politisches Element darin, nach Momenten der Freude zu suchen. »Freude zu erfahren, fühlt sich wie ein Schlag ins Gesicht für die Systeme an, die wollen, dass wir uns bedrückt, unterdrückt und hoffnungslos fühlen …«[267] Als Mittel gegen diese Unterdrückung könne Freude uns gewissermaßen dazu anstiften, außerhalb von toxischen gesellschaftlichen Normen zu operieren und damit für sozialen Wandel zu sorgen. Johnson schreibt:

Es gibt ein tief verankertes Narrativ, dass wir Freude nicht verdient haben. Sie ist in unsere Gewebe und in unsere Zellen eingearbeitet. Wir müssen Praktiken entwickeln, um Freude zu schaffen, zu finden, zu fühlen und sie zuzulassen, in unseren Leben und in Bewegungen für sozialen Wandel.[268]

Auch wenn es wie ein Klischee klingt: Veränderung beginnt eben tatsächlich immer bei uns selbst – sogar bei den großen politischen Fragen unserer Zeit. Mir macht die Vorstellung Mut, dass wir, wenn wir trainieren und es irgendwann schaffen, Gefühle zuzulassen, nicht nur zu unserem eigenen Wohlbefinden beigetragen haben. Sondern dass wir gleichzeitig auch schon einen ersten Schritt für gesellschaftlichen Wandel gegangen sind. Das gilt nicht nur für Freude, sondern auch für emotionalen Schmerz. Auch hier, so Brown, falle es vielen Menschen schwer, sich ihr Gefühl zu erlauben. Den eigenen Schmerz als schlimm genug zu betrachten, ihm Aufmerksamkeit und Zuwendung einzugestehen, wo es doch immer Menschen gibt – nah und fern –, denen es noch viel schlechter geht als uns, deren Lage sich noch viel auswegloser anfühlt oder deren Unterstützungsnetzwerk weniger belastbar ist als unseres. Brown beschreibt ihre Forschungsergebnisse hierzu als eindeutig: Wenn wir unseren eigenen Schmerz nicht zulassen, können wir auch den der anderen nicht fühlen.

Ich habe außerdem gelernt, dass man umso weniger Empathie mit anderen zeigen kann, je kleiner man seinen eigenen Schmerz macht und je öfter man ihn mit dem vergleicht, was andere durchgemacht haben. Wenn wir unsere eigene Freude preisgeben, um denen, die leiden, beizustehen oder um unser Schuldgefühl zu verkleinern oder um noch engagierter zu wirken, dann bringen wir uns um das, was wir brauchen, um aus vollem Herzen lebendig und von einem Sinn beflügelt zu sein.[269]

Was also tun, um in aufwühlenden Zeiten nicht in die Falle zu geraten, die Brown beschreibt? Der Schlüssel für Freude – das hat Brown beständig in ihren Forschungen erlebt – sei Dankbarkeit. »Die Männer und Frauen aus meinen Studien, die sich am intensivsten auf Freude einlassen konnten, waren diejenigen, die sich in Dankbarkeit übten …«[270]

Und das können wir üben. Der Aufwand dafür ist nur minimal. Schon wenn wir jeden Tag drei oder fünf Dinge aufschreiben, für die wir dankbar sind – oder sie uns ganz bewusst ins Gedächtnis rufen, zum Beispiel beim Zähneputzen, Duschen oder auf dem Weg zur Arbeit, oder jemandem erzählen –, verändert sich mit der Zeit unser Blick auf die Welt und unser eigenes Leben. »Es ist eine Möglichkeit, sich wegzubewegen von der Frage, was ich nicht habe, und sich darauf zu fokussieren, wie viel ich habe«, schreibt Michelle Cassandra Johnson. »Unser Gehirn ist darauf konditioniert, Mangel und Knappheit in den Fokus zu nehmen, nicht Dankbarkeit und Fülle.«[271]

Als ich bei einem Kurs am Karlsruher Institut für Technologie den Studierenden die Aufgabe gebe, zwei Wochen lang ein Dankbarkeitstagebuch zu führen, reagieren fast alle Teilnehmenden überrascht, wie schnell die Auswirkungen davon in ihrem Leben bemerkbar werden. Jemand berichtet, gerade an nicht so guten Tagen habe die kurze Übung geholfen, zu sehen, dass es doch gar nicht so schlecht war.

Eine andere Teilnehmende schreibt, dass sie zu Beginn vor allem an »vermeintliche selbstverständliche Dinge« wie Familie, Zuhause, Gesundheit gedacht habe. Im Verlauf der Zeit sei ihr jedoch klar geworden, dass genau diese Dinge eigentlich gar nicht selbstverständlich sind. Durch die Übung sei ihr bewusst geworden, wie froh sie darüber sei, ihre Liebsten in ihrem Leben zu haben, und dass es ihr selbst gut gehe – beides Dinge, die sie im Alltag zuvor oft vergessen hatte. »Es war schön, durch diese Aufgabe bewusster darüber nachzudenken.« Nach ein paar Tagen habe sie herausfinden wollen, welche Dinge es noch in ihrem Leben gibt, für die sie dankbar ist. Zu Beginn sei das gar nicht so einfach gewesen, mit der Zeit seien ihr aber immer häufiger alltägliche Sachen aufgefallen, die sie »viel besonderer und schöner« fand, als sie zuvor angenommen hatte. Frische Luft bei einem Spaziergang oder ein reduziertes Produkt im Supermarkt. Ihr Fazit: »Es ist eine schöne Erfahrung, mir bewusst zu machen, wie viel Dankbarkeit ich für mein Leben und die schönen Momente darin empfinde und wie viele solcher Momente es in meinem Alltag gibt, wenn ich ein bisschen genauer darauf schaue.«

Genauso wie wir in unserem Alltag nach Dingen suchen können, für die wir dankbar sind, können wir das in unseren Beziehungen tun. Person für Person können wir über die Menschen in unserem Leben nachdenken und darüber, wofür wir ihnen dankbar sind. Und natürlich können wir ihnen bei der nächsten Gelegenheit davon erzählen. Vielleicht sind die drei Dankbarkeitspunkte ja sogar Anlass, sich mal wieder bemerkbar zu machen bei einer Person, die wir in letzter Zeit aus den Augen verloren haben?

Forschende der Berkeley-Universität empfehlen noch eine andere Übung, um uns in Dankbarkeit zu trainieren. Sie raten, die Augen zu schließen und uns das Gesicht einer Person vorzustellen, die einmal etwas für uns gemacht oder zu uns gesagt hat, das unser Leben zum Besseren veränderte, bei der wir uns aber nie richtig dafür bedankt haben. Dann sollen wir dieser Person einen Brief schreiben, uns bedanken für das, was sie getan hat, und erklären, inwiefern es unser Leben geprägt hat, womit wir jetzt unseren Alltag verbringen und wie oft wir uns daran erinnern, was sie für uns gemacht hat. Der vielleicht schwierigste Teil aber kommt zum Schluss: Wir sollen den Brief auch wirklich abgeben – und zwar nicht per Post, sondern persönlich, und ihn der betreffenden Person von Angesicht zu Angesicht vorlesen.[272]

Egal auf welchem Weg: Wenn wir Dankbarkeit trainieren, werden wir quasi nebenbei mit besserem Schlaf, weniger Stress, besserer körperlicher und emotionaler Gesundheit, mehr Optimismus und stabileren sozialen Beziehungen belohnt – das haben zahlreiche Studien gezeigt.[273]

Nach Dingen zu suchen, für die wir dankbar sind, kann nicht nur bei uns selbst für Veränderung sorgen. Wir können es auch zusammen mit anderen üben. Vielleicht ist es ja ein erstes Ritual für Ihre schon bald entstehende Community?

Die Aktivistin Michelle Cassandra Johnson hat noch einen anderen Tipp, um Freude einen größeren Platz in unserem Leben einzuräumen. Wichtig sei, sich überhaupt erst einmal klarzumachen, was Freude für jede*n von uns bedeute. Nur wenn wir wüssten, was uns Freude bringt, würden wir die Momente und Gelegenheiten dazu auch gezielt erkennen und herbeiführen können. Johnson empfiehlt in Momenten, in denen wir uns zufrieden oder glücklich fühlen, eine Liste zu verfassen mit allem, was uns Freude bereitet:[274] konkrete Personen und Orte, ein bestimmtes Gedicht, Musik, Bücher, ein Lieblingsessen – eben alles, von dem wir merken, dass es uns guttut.

Für mich war das die vielleicht überraschendste Wendung bei der Recherche für dieses Buch: Wenn wir uns mit anderen verbundener fühlen wollen, müssen wir bei uns selbst anfangen. Nicht nur, indem wir aktiv auf andere zugehen, sondern auch, indem wir die Beziehung zu uns selbst pflegen. Indem wir uns klarmachen, was uns wichtig ist, wofür wir dankbar sind, womit wir unsere Zeit verbringen wollen. Denn genau das macht echte Verbundenheit aus: dass wir uns nicht verbiegen oder sogar verstellen müssen, um zu einer Gruppe zu gehören. Ganz egal, wie viele Menschen wir um uns haben: Wenn wir nicht wir selbst sein können – aus welchen Gründen auch immer –, führt es dazu, dass wir uns einsam fühlen. Unser Gefühl von Zugehörigkeit könne niemals größer sein als unser Level von Selbstakzeptanz, schreibt Brené Brown.[275] Der Philosoph Svendsen rät: »Einsamkeit kann verringert werden, wenn man die Fähigkeit besitzt, in sich selbst zu ruhen, sodass man nicht so stark von der Bestätigung anderer abhängig ist, gleichzeitig aber die Nähe zu anderen sucht und sich ihnen öffnet.«[276]

Wirklich verbinden können wir uns erst, wenn wir uns trauen, uns unperfekt und roh, mit unseren Macken und Schwächen, unseren Sorgen und Ängsten zu zeigen – uns selbst gegenüber und den Menschen um uns herum.

- Nehmen Sie sich einen Moment lang Zeit, und folgen Sie dem Tipp von Michelle Cassandra Johnson. Was bringt Ihnen Freude? Schreiben Sie eine Liste - so lange, bis Ihnen nichts mehr einfällt. Wenn Sie mögen, können Sie die Gelegenheit nutzen, um sich mit anderen zu verbinden. Fragen Sie beim nächsten Gespräch Ihr Gegenüber, was ihm oder ihr Freude bereitet. Oder schreiben Sie gleich zusammen eine Liste.

- Versuchen Sie, eine Woche (oder einen Monat?) lang jeden Tag drei Dinge aufzuschreiben, für die Sie dankbar sind. Beobachten Sie sich selbst: Was verändert sich? Auch hier können Sie die Gelegenheit nutzen, sich mit anderen zu verbinden. Warum nicht das nächste Gespräch mit dieser Frage starten: Wofür bist du heute dankbar?

- Welcher Aktivität würden Sie gerne jeden Tag nachgehen? Nicht aus Pflichtbewusstsein, sondern einfach, weil es Sie glücklich macht? Fangen Sie heute damit an. Und sobald Sie sich trauen: Laden Sie andere dazu ein, sich Ihnen anzuschließen! Und wenn Sie mögen, erzählen Sie mir davon!

I would say that there exist
a thousand unbreakable links
between each of us and everything else,
and that our dignity and our chances are one.
The farthest star
and the mud at our feet
are a family;
and there is no decency or sense
in honoring one thing, or a few things,
and then closing the list.
The pine tree,
the leopard,
the Platte River,
and ourselves –
we are at risk together,
or we are on our way
to a sustainable world together.
We are each other's destiny.

MARY OLIVER

ACHT: IN ZUKUNFT ZUSAMMEN – UNSER NEUES LEBEN ALS VERBÜNDETE

Auf dem Tisch vor mir liegt ein Paket. Drinnen ein Notizbuch: »Wir sollten uns gemeinsam um diese Welt kümmern«, steht darauf. Dazu Schokolade, ein Päckchen Badezusatz »Entspannung«. Die Absenderin des Pakets und ich kennen uns schon eine Weile aus der Ferne. Aber erst seit ein paar Wochen haben wir fast jeden Tag Kontakt. Es ist Herbst 2021. Vor etwa einem Monat haben die Taliban die Macht in Afghanistan übernommen, und seither ist – zumindest vorübergehend – in unseren Leben nichts mehr, wie es war. Seit sich einige Tage vor der tatsächlichen Machtübernahme abgezeichnet hatte, wie in etwa sich die Situation entwickeln könnte, sind Nik und ich damit beschäftigt, einerseits Anrufe von unzähligen Menschen entgegenzunehmen, die einst in Kabul mit uns gearbeitet hatten und die jetzt in Todesangst lebten; andererseits alle möglichen Leute zu kontaktieren, von denen wir uns erhofften, dass sie etwas ändern könnten, eine Idee hätten, die irgendetwas bewirken könnten, was am Ende hilft. Geschlafen hatten wir kaum in dieser Zeit, unser üblicher Alltag war von einem auf den anderen Moment weggebrochen. Stattdessen sammelten wir Daten von Pässen, trugen sie in diverse Listen verschiedener Regierungen ein, telefonierten mit Politiker*innen, ehemaligen Botschaftern, Journalist*innen, Mitarbeitenden von NGOs. Wir hatten keinen Plan und keine Strategie. Wir waren einfach nur verzweifelt und versuchten alles, um die Leute, die jahrelang so viel für uns gegeben hatten, hinauszubekommen aus dem lebensgefährlichen Chaos. Tatsächlich kontaktierten wir fast jede Person, die wir irgendwann schon mal getroffen hatten, und baten um Hilfe. Eine dieser Personen war die Absenderin des Pakets. Sie arbeitete in einem Theater, war in der Kulturszene gut vernetzt und versuchte, mit ihren Möglichkeiten Druck auf die Bundesregierung auszuüben, damit diese unbürokratisch und vor allem schnell Visa für Künstler*innen aus Afghanistan bereitstellte, denn diese Gruppe von Menschen war unter dem neuen Regime besonders bedroht. Für uns war das insofern relevant, weil mehrere der Menschen, die bei unseren Dokumentarfilmen mitgemacht hatten, der Kunstszene angehörten. Also schlossen wir uns zusammen, schrieben Nachrichten, schmiedeten Pläne und telefonierten zu fast jeder Tages- und Nachtzeit. Wir verstanden uns schnell. Trotzdem war ich überrascht, als ich ihr Paket in den Händen hielt, ich würde fast sagen: überwältigt. Sie stand gerade unter genauso hohem Druck wie wir und nahm sich die Zeit, um uns eine Freude zu bereiten – damit hatte ich einfach nicht gerechnet. Das Notizbuch wurde in den darauffolgenden Wochen mein ständiger Begleiter. Anfangs schrieb ich ständig wechselnde To-do-Listen auf. Später eine Übersicht aller Familien, die wir betreuten, mitsamt ihrem aktuellen Status: Aufnahmezusage für Deutschland, Pass, Visum, Ausreise nach Pakistan, Einreise nach Deutschland, Gastfamilie, Sprachkurs. Zwischendrin immer wieder Skizzen, Lagepläne und Übersichten in den Nächten, in denen wir ehemalige Mitarbeitende per Telefon beim Grenzübergang begleiteten. Monate vergingen, in denen unser Leben so lief, und jede Woche während dieser Zeit gab es mehrere Momente, in denen mir beim Blick auf das Notizbuch das Herz aufging – so sehr erinnerte es mich daran, dass ich in dieser beschissenen Situation zumindest nicht alleine war. Dass es andere Menschen gab, die dasselbe wollten und versuchten.

Die Absenderin des Pakets war nicht die Einzige, die uns damals unterstützte – bei Weitem nicht. Nach und nach schlossen sich immer mehr Menschen unseren Bemühungen an. Irgendwann waren es mehrere Hundert, die uns begleiteten. Die es schließlich ermöglichten, dass sich etwas veränderte: Für mehr als 120 Menschen bekamen wir Aufnahmezusagen, wir konnten ihre Ausreise organisieren und finanzieren, Gastfamilien in Deutschland finden, Sprachkurse, Schulen, erste Netzwerke vor Ort – und so dazu beitragen, dass nach allem, was sie in Afghanistan erlebt hatten, zumindest der Start in ihrer zweiten Heimat einigermaßen sanft war. Und tatsächlich verhielt es sich damals so, wie Susan Pinker es in ihrem Buch *The Village Effect* (Kapitel vier) beschreibt: Diejenigen Menschen, die uns in Bezug auf Kontakte, Informationen oder Netzwerke am meisten geholfen haben, waren Leute, die ich vielleicht ein oder zwei Mal und in vielen Fällen schon seit Jahren nicht mehr gesehen hatte; Menschen, die ich gar nicht selbst kannte, die mir nur als Bekannte von Bekannten von Bekannten vorgestellt und vermittelt worden waren. So waren unter den Gastfamilien, die unsere ehemaligen Mitarbeitenden für die ersten Wochen oder Monate aufnahmen, mehrere Millionäre, die einen Teil ihres Hauses für die Neuankommenden zur Verfügung stellten – Menschen, die ich in meinem eigenen Umfeld schlichtweg nicht gefunden hätte. Natürlich haben wir hier und da auch Glück gehabt bei unseren Bemühungen. Aber das darf man ja auch mal haben. Familie und enge Freund*innen waren diejenigen, die dafür gesorgt beziehungsweise uns dabei unterstützt haben, dass wir selbst noch zum Atmen kamen. Die uns Essen machten, Tee kochten, uns ans Schlafen erinnerten, und als das nicht klappte, Schlaftabletten organisierten; die uns in den Arm nahmen, uns ablenkten oder uns zu einem Spaziergang überredeten. Ohne sie hätten wir diese Zeit nicht gut überstanden, keine Frage.

Die konkrete Unterstützung, um politisch etwas zu bewirken, kam aber von anderer Seite. Mit einigen dieser Leute bin ich noch heute in Kontakt. Und wenn auch nicht mit allen echte, lang anhaltende Freundschaften entstanden sind, so hat sich doch mit vielen eine emotionale Intimität eingestellt, die in anderen Beziehungen nicht selbstverständlich ist. Wir alle hatten in dieser Zeit Tage, an denen wir einfach nicht mehr konnten, als sich die Welt nur noch wie ein einziger Abgrund anfühlte – und wir haben uns davon erzählt.

Aus der Forschung wissen wir, dass Menschen sich stärker verbunden fühlen, wenn sie gemeinsam Herausforderungen bestreiten – sogar dann, wenn diese komplett sinnlos sind, wie zum Beispiel die Hand in eiskaltes Wasser zu tauchen. Umso mehr aber, wenn die Herausforderung in etwas besteht, das uns mit Sinn erfüllt. »Wenn du Teil einer Gruppe sein willst, die stark ist wie Zement«, schreiben Chip und Dan Heath, Experten für menschliches Verhalten in Organisationen und Gruppen, »nehmt euch einer Aufgabe an, die wirklich herausfordernd ist und die einen tieferen Sinn hat. Ihr alle werdet euch euer restliches Leben daran erinnern.«[277]

Die Aktivistin und Community-Builderin Mia Birdsong erklärt, was es strukturell bedeutet, dass schwere Zeiten uns mit unseren Mitmenschen zusammenwachsen lassen: Die stärksten, inklusivsten und stabilsten Gemeinschaften habe sie bei den Menschen angetroffen, die gesellschaftlich am heftigsten unterdrückt und benachteiligt sind: Menschen, die von Armut oder Obdachlosigkeit betroffen sind, LGBTQIA, Schwarze Communitys. »Menschen überleben Rassismus, Fremdenfeindlichkeit, Diskriminierung aufgrund ihres Geschlechts und Armut nicht, ohne außerordentliche Fähigkeiten, Systeme und Praktiken der Unterstützung zu entwickeln«, schreibt Birdsong. »Und indem sie das tun, ebnen sie auch den Weg für alle anderen.«[278]

Ein anderes Beispiel sind Menschen, die im Erwachsenenalter mit ihrer Herkunftsfamilie nicht mehr in dem Maße verbunden sind, wie sie es sich vielleicht wünschen würden, und deshalb stattdessen andere familienähnliche Strukturen um sich herum aufbauen, eine Chosen Family oder, wie wir es nennen: Framily. Freund*innen, die so verlässlich und dauerhaft Teil des eigenen Lebens sind, dass sie einer Familie gleichkommen. Beziehungen müssen und können – genau wie unser restliches Leben – nicht perfekt sein. Wichtig ist nur, dass wir nicht aufhören, uns um sie zu bemühen.

Die Tatsache, dass die aus schwierigen Lebenssituationen entstehenden Bündnisse und Beziehungen hilfreich, inspirierend, nährend und emotional wärmend sind, bedeutet natürlich nicht, dass die jeweilige Ursache für ihr Entstehen wünschenswert ist – weder im Kleinen bei dysfunktionalen Beziehungen zur Herkunftsfamilie noch im Großen bei der teilweise jahrhundertelangen Diskriminierung von Teilen unserer Gesellschaft. Solange die Ursachen aber (noch!) existieren, kann uns die Art, wie Menschen mit ihnen umgehen und welche Systeme sie als Reaktion darauf schaffen, als Vorbild dienen für unsere ganze Gesellschaft. Birdsong schreibt:

Es gibt Menschen, die zu einem hohen Preis, einfach indem sie auf ihre Existenz und Eigendefinition beharrt haben, mehr Raum geschaffen haben für uns alle, um unsere Identitäten und Beziehungen selbstbestimmt und umfassend gestalten zu können. […] Wir schulden den Menschen etwas, die jene Normen infrage gestellt haben, die unsere Kultur für uns definiert hat – Normen, die beschränken, wer wir sein können, wie wir uns der Welt zeigen, wie wir lieben, wen wir Familie nennen.[279]

~

Auch nach unseren Erfahrungen im Anschluss an die Machtübernahme der Taliban denke ich im Rückblick nicht: Gut, dass alles so passiert ist. Auf keinen Fall. Trotz aller daraus entstandenen Verbundenheit und trotz allem, was wir erreicht haben: In guter Erinnerung habe ich diese Phase meines Lebens nicht. Es war, selbst im Nachhinein betrachtet, eine echte Kackzeit. Und auch die Zusammenarbeit mit den Menschen um uns herum lief – natürlich! – nicht ohne Probleme. Wie sollte sie auch? Könnte ich mir die Welt so zurechtzaubern, wie ich wollte, hätte es diese Zeit nicht gegeben. Kann ich aber nicht. Dinge, die schlimm sind, passieren – ob es uns passt oder nicht. Aber um wie viel schlimmer wäre diese Zeit ohne die Unterstützung von allen Seiten gewesen? Deutlich weniger Familien hätten es nach Deutschland geschafft, vielleicht hätten sogar deutlich weniger Menschen überlebt. Ganz sicher jedenfalls hätten alle der Neuankommenden einen schwierigeren und schmerzhafteren Start hier in Deutschland gehabt.

Für Nik und mich alleine wäre es vollkommen unmöglich gewesen, etwas auch nur ansatzweise Vergleichbares alleine auf die

Beine zu stellen. Im Rückblick war diese Zeit für mich *die* Erfahrung in meinem Leben, in der ich verstanden habe, was alles erreichbar ist, wenn wir uns zusammentun und – komme, was wolle – einfach nicht aufgeben. Ich hatte mich auch schon vorher immer wieder gesellschaftlich engagiert, aber so deutlich und drastisch wie in diesem Fall hatte ich es noch nicht erlebt: Wenn wir zusammenhalten, ist (fast) alles möglich – das war mein Gefühl der damaligen Zeit.

»Menschen fühlen sich eng miteinander verbunden, wenn sie erkennen, dass das, was sie tun, wichtig ist und dringend und größer als jeder Einzelne von ihnen«[280], schreiben die Autoren Chip und Dan Heath.

Welche gesellschaftliche Funktion es haben kann, wenn wir gemeinsam ein solches Ziel verfolgen, beschreibt die Historikerin Rebecca Solnit: »Wir brauchen Hoffnung und Sinn und Zugehörigkeit zu einer Gemeinschaft, die über die Kernfamilie hinausgeht. Diese Verbindung ist persönlich erfüllend, und sie trägt auch dazu bei, dass wir die Dinge erledigt bekommen, die wir erledigen müssen.«[281]

In unserem Fall war die Frage, was uns mit Sinn erfüllt, damals schnell beantwortet: Wir wollten dazu beitragen, möglichst viele Leben zu schützen. Aber nicht in jeder Situation ist diese Frage so einfach zu klären. Wie also können wir herausfinden, was uns mit Sinn erfüllt – um dann diese Tätigkeit mit anderen zusammen durchzustehen, so wie es Chip und Dan Heath beschrieben haben? In ihrem Buch *The Power of Moments* empfehlen die Brüder, dass es nicht so sehr darauf ankomme, die *eine* sinnerfüllende Tätigkeit zu finden, sondern dass wir auch in dem, was wir bereits tun, Sinn finden können. Indem wir uns die Frage stellen »Warum tue ich, was ich tue?«. So lange, bis wir bei einer Antwort landen, die uns sinnvoll erscheint. Sie demonstrieren das Ganze am Beispiel einer Person, die in einem Krankenhaus Zimmer putzt:

> »Warum reinigen Sie Krankenhauszimmer?«
> *»Weil mein Chef mir gesagt hat, dass ich es tun soll.«*
>
> »Warum?« *»Weil es verhindert, dass die Zimmer verschmutzen.«*
>
> »Warum ist das wichtig?« *»Weil es die Zimmer hygienischer und angenehmer macht.«*
>
> »Warum ist das wichtig?« *»Weil es dazu beiträgt, dass die Patienten gesund und glücklich sind.«*[282]

Im besten Fall, so heißt es in *The Power of Moments*, entstehe das Gefühl: »Wir haben heute etwas gemacht, das zählt.«[283]

Entscheidend dabei ist, dass der gemeinsame Sinn einer Gemeinschaft nicht darin besteht, andere zu hassen und einen gemeinsamen Feind zu haben – wie es zum Beispiel bei rechtsextremen Gruppierungen der Fall ist. »Wenn das Band, das uns verbindet, nur daraus besteht, dass wir die gleichen Leute hassen«, schreibt Brené Brown, »dann ist zwar die Nähe, die wir spüren, oft sehr intensiv, unmittelbar befriedigend und eine einfache Methode, um Wut und Schmerz loszuwerden. Öl für das Feuer der echten Nähe ist sie nicht.«[284] Statt echter Zugehörigkeit stände in solchen Fällen bloß ein unausgesprochenes Abkommen darüber, die gleichen Leute zu hassen.

~

Im Herbst 2021 haben wir uns keine Fragen nach Sinn oder Nicht-Sinn gestellt. Wir handelten aus reiner Verzweiflung. Wir überlegten nicht lange, wir wüteten nahezu schlaflos über mehrere Wochen um uns – anders kann man es nicht nennen. Nichts, was wir taten, war besonders durchdacht. Wir gingen los, stolperten los und entschieden Schritt für Schritt, was wir als Nächstes tun – wollen oder können. Mehrere Leute haben sich bei uns dafür bedankt, dass sie helfen *dürfen* – sie hätten sich so machtlos gefühlt, als sie im Fernsehen die Bilder aus Kabul sahen und nicht wussten, was zu tun sei.

»Unsere außergewöhnliche Fähigkeit für Altruismus und unsere bemerkenswerte soziale Natur sind die zentralen, ausschlaggebenden Kennzeichen des Menschseins«, schreibt der Journalist und Klima-Aktivist George Monbiot.

> *Und dennoch werden wir dieser Tatsache in einem erstaunlichen Ausmaß nicht gewahr. Das liegt zum Teil daran, dass unser Gehirn – das immer nach ersten Anzeichen für Gefahren Ausschau hält – auf die seltenen, aber brutalen Gewalttaten fokussiert ist, die ein kleiner Teil der Bevölkerung anderen antut, aber nicht auf die täglichen guten Taten, die der Rest von uns vollbringt. Häufig passiert das unbewusst. Diese Tendenz wird verstärkt durch Nachrichtenkonsum.*[285]

Wenn wir immer nur darauf achten, was schiefläuft, verlernen wir mit der Zeit den Blick dafür, was wir tatsächlich verändern können. Wir verinnerlichen – fälschlicherweise –, dass Zustände nicht veränderbar sind und wir ihnen deshalb hilflos ausgeliefert sind. Gerade bei großen, komplexen und globalen Themen – Klimakrise, Krieg, Rassismus, Armut – bräuchten wir aber genau das

Gegenteil: ein tiefes Verständnis und Detailwissen darüber, wie gesellschaftlicher Fortschritt zustande kommt und was wir selbst tun können, um diesen Prozess zu unterstützen. Wenn uns Geschichten und Narrative darüber fehlen, wie wir unsere Gesellschaft voranbringen können, fehlen uns zwangsläufig auch die Vorbilder für solches Handeln.

Im Herbst 2021 hatten wir nicht die Zeit, uns zu fragen, was oder wer ein sinnvolles Vorbild für uns und unsere Bemühungen sein könnte. Doch selbst wenn wir die Zeit und die innere Ruhe für diese Art von Reflexion gehabt hätten: Wir hätten vermutlich kein Vorbild gefunden. Die Geschichten, die ich kannte, von Bewegungen, von gesellschaftlichem Fortschritt, von Revolution, waren fast ausschließlich Geschichten von einem Helden, einer Heldin, die alle anderen anführt. Schon in meinem letzten Buch habe ich beschrieben, welchen Effekt das hat. »Geschichten von Held*innen [verschleiern] unsere Möglichkeiten zu gesellschaftlicher Teilhabe: Wenn uns immer wieder erzählt wird, dass es Aufgabe einzelner Personen ist, drängende Probleme aus der Welt zu schaffen, übersehen wir leicht, dass wir für die meisten Probleme unserer Zeit etwas anderes brauchen als eine*n herbeieilende*n Held*in. Zusammenarbeit zum Beispiel, Verhandlungen, soziale Bewegungen, Proteste, breitflächige Koalitionen verschiedener Aktivist*innenkreise innerhalb unserer Zivilgesellschaft.

Und noch etwas geschieht: Je mehr der Fokus auf einzelnen Personen liegt, desto weniger erkennen wir längerfristige, teils gefährliche Entwicklungen, die innerhalb einer Gesellschaft, einer Partei, eines Ministeriums passieren.[…] Unser Fokus auf Held*innen und Antiheld*innen vernebelt den Blick auf das, was um sie herum geschieht, im Guten wie im Schlechten.«[286]

Das Wissen um mangelhafte Erzählstrukturen und einseitige, lückenhafte Narrative sorgt leider nicht automatisch dafür, dass wir diese Lücken füllen. Nur weil ich wusste, dass Heldengeschichten uns nicht weiterbringen, wusste ich nicht automatisch, was sonst. Dass wir 2021 so viele Menschen um Hilfe gebeten haben, hatte schlichtweg mit der Größe der Aufgabe zu tun und dem Ausmaß unserer Überforderung. In jeder anderen Situation meines Lebens hatte ich bei Schwierigkeiten erst einmal versucht, alles alleine hinzubekommen. Das war im Herbst 2021 – zum Glück – nicht einmal denkbar. Wir hatten aus purer Verzweiflung heraus angefangen, andere um Unterstützung zu bitten. Erst nach und nach merkten wir, dass es genau das richtige Rezept war, um tatsächlich etwas zu verändern.

Ich erzähle die Geschichte von unserer Reaktion auf die Machtübernahme durch dic Taliban nicht, um zu zeigen, wie toll es ist, was wir damals geschafft haben (auch wenn es toll ist, habe ich selbst sehr deutlich und schmerzhaft präsent, was wir trotz aller Anstrengungen nicht geschafft haben; wer immer noch im Land und der dortigen Situation feststeckt; wer nicht überlebt hat). Ich erzähle davon, weil ich seit damals mehr denn je davon überzeugt bin, dass wir solche Geschichten brauchen. Geschichten, die uns zeigen, dass gesellschaftlicher Wandel keine Einzelarbeit ist, es niemals sein kann. Die uns zeigen, dass wir am besten Mensch sind, wenn wir Menschen sind – mehrere und nicht allein.

»Unsere größten Probleme werden nicht von Helden gelöst werden«, prognostiziert Rebecca Solnit. »Sie werden, wenn überhaupt, von Bewegungen, Allianzen, der Zivilgesellschaft gelöst werden …«[287]

Ihrer Meinung nach sei also das Effektivste, was wir als Individuen gegen die Klimakrise tun könnten: aufhören, als Individuen zu handeln.[288] In eine ähnliche Richtung zielen Beobachtungen, die Luisa Neubauer in ihrem Buch *Gegen die Ohnmacht* teilt: »Es ist kollektive Macht, die dort wächst, wo sich Haushalte,

Familien, Wohnsiedlungen, Kommunen oder Genossenschaften entscheiden, ihren eigenen Strom zu produzieren, indem sie sich gemeinsam Photovoltaikanlagen kaufen, oder dort, wo Landwirte beispielsweise auf brachliegenden Feldern Windräder aufstellen lassen und dafür vergütet werden. Autokraten und Diktaturen, in Russland oder anderswo, verankern ihre Macht national und international in der Kontrolle von Ressourcen. Meist sind es fossile Energien, manchmal andere Rohstoffe. Und sie schaffen Abhängigkeiten wie etwa die Energieabhängigkeit Deutschlands von Russland.«[289]

Solange die Energieversorgung von Kohle oder Gas abhängig sei, so Neubauer, wären diese fossilen Energien eine eigene Gewalt. Sie machten erpressbar, sie seien antidemokratisch und damit das, was Neubauer als »eine Art von Waffe« beschreibt. Die Energiewende sei deshalb nicht nur eine Klimaschutzmaßnahme. Es sei auch eine Maßnahme, um unsere Demokratie zu schützen.

Inwiefern die Themen Zusammenhalt und Klimaschutz miteinander verbunden sind, habe ich bei den Dreharbeiten zu unserem neuesten Dokumentarfilm erlebt. Er handelt vom sogenannten Klimaaufbruch in Erlangen – einem Projekt, bei dem ein Rat aus zufällig, aber statistisch einigermaßen repräsentativen Bürger*innen sowie ein Gremium von Stakeholder*innen darüber beraten sollten, welche Maßnahmen die Stadt Erlangen ergreifen muss, um das selbst gesetzte Ziel – klimaneutral bis 2030 – erreichen zu können. Als wir mit den Teilnehmenden der beiden Gremien sprechen, wird schnell deutlich, dass das Zusammenkommen über alle Unterschiede hinweg das ist, was auch Monate später noch bei ihnen hängen geblieben ist. Allein die Tatsache, dass sie ins Gremium gelost worden seien, habe dazu geführt, dass sie sich mit einem Mal verantwortlicher als vorher fühlten, Lösungsideen für den Umgang mit der Klimakrise zu finden. Das

Gefühl, mehr mitverändern zu können – so beschreiben sie es –, hatte automatisch dazu geführt, mehr mitverändern zu wollen.

Natürlich kann die bloße Mitarbeit in einem beratenden Gremium alleine die Klimakrise nicht stoppen. Nicht in Erlangen und nicht im Rest der Welt. Viele der Teilnehmenden haben durch ihr Engagement trotzdem einen Weg gefunden, mit dieser weiter bestehenden Ohnmacht umzugehen. »Ich kann die Klimakrise nicht verhindern«, sagte einer von ihnen, »aber ich kann zumindest dafür sorgen, dass ich nicht aktiv mitmache bei der Zerstörung.« Eine andere Teilnehmerin erzählte uns, dass sie sich bei großen politischen Problemen häufig frage, was sie tun könne, um etwas beizutragen. In diesem Fall habe sie die Informationen, die sie durch ihre Mitarbeit im Bürger*innen Rat erhalten habe, weitergetragen und den Menschen in ihrem Umfeld davon erzählt – sowohl von den Streitpunkten der Debatten als auch von den Dingen, die wir selbst in unserem Leben verändern können. Mehrere unserer Interviewpartner*innen erzählten uns, dass sie noch nie in ihrem Leben mit Menschen zusammengesessen hatten, die so deutlich andere Interessen, Erfahrungen und politische Einstellungen verkörperten als sie selbst. Das sei – darin sind sich alle einig, mit denen wir gesprochen haben – der größte Gewinn gewesen, den sie von der ganzen Aktion mitgenommen hätten: Die Standpunkte von anderen nicht nur in Ruhe anhören, sondern mindestens nachvollziehen, vielleicht sogar teilweise verstehen zu können. Allein das habe ihren Blick auf das ganze Thema verändert und erweitert. Eben: eine neue Perspektive geschaffen.

»Wer heute etwas verändern will, wer den notwendigen Fortschritt gerecht gestalten möchte, muss Interessen bündeln, unterschiedlichste gesellschaftliche Bereiche mitdenken und Verbündete finden«, heißt es in der Studie *Allianzen des Fortschritts* aus dem Jahr 2023.[290] Indem sie sich zusammentun, könnten zivilgesellschaftliche Organisationen ihre Kräfte bündeln, gemeinsam mit einer lauteren Stimme sprechen und sich so im politischen Raum Gehör verschaffen.[291] Je diverser eine solche Allianz sei, desto wirkmächtiger könne sie dabei auftreten. »Große politische Ziele werden dann realistisch, wenn sich eine Mehrheit hinter ihnen abbildet«, erklären die Forschenden den Zusammenhang. »Politiker*innen wiederum müssen ihre Entscheidungen vor Partei, Fraktion, Wahlkreis etc. rechtfertigen.« Je mehr Sektoren und Interessengruppen eine Allianz vereine, desto höher sei die Wahrscheinlichkeit, dass die Politik die Forderung der jeweiligen Allianz aufnehme.[292]

~

Einige Monate nach der Machtübernahme durch die Taliban hatten wir ein Netzwerk von mehreren Hundert helfenden Menschen um uns herum. Sie bezahlten Pässe, öffneten ihre Häuser, gaben Deutschunterricht, organisierten Spielzeug, fanden Wohnungen, managten Umzüge, weißelten Zimmer, besorgten Jobs, vereinbarten Termine bei Ämtern, füllten Dutzende Seiten Formulare aus, kochten Essen, verknüpften Freundeskreise, hörten zu. Sie waren Menschen. Und sie waren viele. Wenn ich überlege, wer von ihnen am meisten getan hat, sticht in meiner Erinnerung niemand hervor. Niemand von den Menschen, die uns geholfen haben, und niemand von uns selbst. Wir alle haben gegeben, was wir konnten. Dass es unterschiedliche Dinge waren, die wir anzubieten hatten, war genau das, was die Stärke unseres kleinen Bündnisses ausgemacht hat. Die Forscherin für Organisationsmanagement Marissa King beschreibt in ihrem Buch *Social Chemistry,* woran es liegt, dass divers besetzte Teams deutlich erfolgreicher zusammenarbeiten als Teams, in denen sich die Mitglieder stark ähneln.

»Diversere Teams sind kreativer, weil sie Zugang zu einer größeren Bandbreite an Informationen und Perspektiven haben.«[293]

Ron Burt, Soziologe an der Universität Chicago, geht sogar noch weiter: »Die gewöhnliche Vorstellung von Kreativität ist, dass es eine Art genetische Gabe oder ein heroischer Akt ist«, wird er in einem Artikel der *New York Times* zitiert. »Aber bei Kreativität geht es um Import und Export. Es geht nicht darum, etwas Neues zu schaffen.« Menschen, die Kontakt zu vielen verschiedenen Netzwerken, Welten oder Bubbles hätten, »haben ein höheres Risiko, gute Ideen zu haben«, so Burt.[294]

Diese Erkenntnis betrifft uns nicht nur als Einzelpersonen. Auch für unsere Gesellschaft können wir entsprechende Schlüsse aus Burts Forschungsergebnissen ziehen. Je mehr Kontakt wir zu Menschen mit unterschiedlichem Erfahrungshintergrund haben, desto größer ist unser Ideenreichtum und unsere Fähigkeit, Dinge zu verändern. Eben: unsere Möglichkeiten, voranzukommen.

Noch dazu wissen wir aus der Forschung, dass wir Menschen positiver gegenüberstehen, je häufiger wir sie sehen.[295] (Dass es andersrum auch funktioniert, sehen wir an den hohen Zulaufzahlen für die rechtsextreme Partei AfD, die besonders in den Gegenden hoch sind, in denen verhältnismäßig wenig Menschen mit Migrationserfahrung leben.) Wenn wir wollen, dass wir als Gesellschaft zusammenwachsen, dass wir Vorurteile abbauen und von dem Ideenreichtum divers zusammengesetzter Gruppierungen profitieren, können wir alle damit anfangen: indem wir uns aktiv darum bemühen, mehr Kontakt zu haben mit Menschen, die anders leben als wir.

»Zugehörigkeit mag wie eine Folge von so vielen Problemen erscheinen, mit denen wir heutzutage konfrontiert sind«, schreibt die Community-Expertin Radha Agrawal, »aber Zugehörigkeit ist absolut notwendig, um jedes einzelne dieser Probleme zu lösen.

Zugehörigkeit gibt uns das Zutrauen, uns um uns selbst zu kümmern, um andere, unseren Planeten und alle Mitglieder unseres Ökosystems. Mit diesem Wissen wird deutlich, dass Gemeinschaften aufzubauen, eine der wichtigsten, großzügigsten und kreativsten Tätigkeiten ist, die ein Mensch sich vornehmen kann.«[296]

Unser politisches System – Kapitalismus, Patriarchat, von rechtsextremen Gruppierungen aufgeheizte Debatten – bietet uns jedoch Tag für Tag Anreize, nicht gemeinschaftlich zu handeln, zu denken, zu leben. Statt unsere Gemeinsamkeiten aufzuzeigen, betonen diejenigen, die ihre über Jahrhunderte an sich gebundene Macht erhalten wollen, sämtliche Unterschiede, die uns angeblich voneinander trennen. Sie versuchen uns entlang dieser Linien zu spalten (und oft genug gelingt es ihnen!) und benennen Teile der Gesellschaft als Sündenböcke für Probleme, die einerseits so komplex sind, dass sie nicht von heute auf morgen gelöst werden können, für deren Lösung andererseits aber vor allem und in erster Linie entschiedenes politisches Handeln notwendig wäre.

Statt jungen Menschen beizubringen, dass sie »auf eigenen Beinen« stehen müssen, um erwachsen zu werden, sollten wir ihnen vorleben, dass im Leben zu stehen bedeutet, mit anderen verbunden zu sein und gar nicht erst in eine Situation zu geraten, in der wir alles alleine schaffen müssen. »In Gemeinschaft können wir mehr von dem schaffen, was wir alle brauchen«[297], schreibt die Community-Builderin Mia Birdsong.

Was, wenn es ein Mittel gäbe, das bewirkt, dass es uns selbst besser geht und uns gleichzeitig dabei hilft, die Probleme unserer Zeit besser zu bewältigen?

Wir wissen jetzt, dass es dieses Mittel gibt.

Ich finde es ermutigend zu wissen, dass, wenn ich anderen helfe oder mich mit ihnen verbinde, ich nicht nur etwas für sie, sondern automatisch auch etwas für mich und mein Wohlbefinden tue – auch wenn mir Turbokapitalismus und Patriarchat mal subtil, mal weniger subtil das Gegenteil einreden wollen. Wir sind nicht schwach, wenn wir uns bei anderen anlehnen, wenn wir um Hilfe fragen, wenn wir andere unterstützen, wenn wir unser Leben teilen. Im Gegenteil. Wir sind das, was uns ausmacht: soziale Wesen. Wir sind Menschen.

Wenn wir uns trauen, aufeinander zuzugehen, verbessern wir nicht nur unser eigenes Leben und verändern im Kleinen unsere Gesellschaft. Wir sind auch Vorbild für andere. In mehreren Studien haben Forschende festgestellt, dass Mut ansteckend ist – und zwar schon in seiner kleinsten Form: der bloße Umstand, dass wir sehen, wie andere sich mutig verhalten, lässt uns selbst mutiger werden.[298] Jedes Mal, wenn wir den Mut zu mehr Verbundenheit aufbringen, erhöhen wir also die Chancen, dass auch die Menschen um uns herum einen ähnlichen Schritt wagen werden.

Und vielleicht ist es das, was wir gerade alle in ganz Deutschland mitbekommen, während ich an diesen Zeilen schreibe: dass Menschen gegen rechts aufstehen, sich zusammentun, füreinander einstehen, sich gegenseitig Mut und gegenseitig mutiger machen.

Allein am ersten Wochenende der Proteste waren bundesweit mehr als 300 000 Menschen auf der Straße. Als ich abends die Berichterstattung zu den Demonstrationen verfolge, lese ich bei *Spiegel Online* einen Text, in dem ein Demonstrierender aus Lüneburg sagt, die Proteste könnten dazu führen, dass Menschen sich weniger alleine fühlen.[299] Gewissermaßen als gedankliches Gegenstück dazu analysiert der Soziologe Andreas Kemper, die große Chance dieser breit aufgestellten Demonstrationen sei, dass sozial geächtet würde, wer offen zugibt, eine rechtsextreme Partei zu unterstützen. Es muss wieder peinlich sein, AfD zu wählen, so sein Fazit.[300] Ist das nicht zu simpel? Die Forschung sagt Nein.

»Wir bilden unsere politische Identität, indem wir links und rechts von uns schauen und uns selbst sagen: ›Ich bin Teil dieser Gruppe und nicht Teil dieser Gruppe; diese Leute sind meine Verbündeten, und diese Leute sind meine Gegner.‹«, heißt es im Buch *Out of the Wreckage.* »Wenn wir uns selbst als Mitglieder einer Gemeinschaft wahrnehmen, in der Menschen zusammenarbeiten, um ihre Leben und ihre Nachbarschaft zu verbessern, um gegenseitig ihre Gesellschaft zu genießen und einander zu helfen, dann ist es sehr wahrscheinlich, dass diese Wahrnehmung auch unser politisches Selbstbild prägt.«[301]

Ein bisschen merke ich das auch bei mir selbst. Als immer neue Bilder von Demos im Status meiner Bekannten auftauchen, google ich bald selbst, welche Proteste bei uns in der Nähe stattfinden. Ich gehe nicht demonstrieren, weil andere es tun. Ich will es von alleine. Aber das Verhalten der anderen hilft mir, es auch wirklich durchzuziehen – das merke ich deutlich. Nicht ohne über mich selbst zu schmunzeln, denke ich an das Experiment mit dem Straßenmusiker in der New Yorker U-Bahn-Station aus Kapitel zwei.

Als ich schließlich selbst in einer Demo stehe, in einem kleinen Ort am Ammersee, sehe ich vor mir zwei Frauen mit Schildern in leuchtenden Farben: Pink, Gelb, Orange. Auf einem steht in schwarzer Schrift: Wir sind viele. Wir sind nicht allein. Und das stimmt. Fast zweitausend Leute sind hier, an einem Ort, in dem etwa zehntausend Menschen leben. Das Programm ist kurz, aber eindrücklich: eine Musikerin singt Auszüge aus der Bayerischen Verfassung:

> *Bayern ist ein Rechts-, Kultur- und Sozialstaat. Er dient dem Gemeinwohl. […] Die Kunst, die Wissenschaft und ihre Lehre sind frei […] Die Gemeindebürgerinnen und*

Gemeindebürger sind zur Übernahme gemeindlicher Ehrenämter verpflichtet.

Als Refrain wird zusammen gejodelt. Danach singen alle gemeinsam einen zur Protesthymne umgedichteten Kanon: »Los geht's, leistet Widerstand – gegen den Faschismus hier im Land. Auf die Barrikaden! Auf die Barrikaden!« Ich singe lauthals mit und merke, dass ich mich schon etwas weniger ohnmächtig fühle gegen den gewaltigen Rechtsruck, der die letzten Jahre in Deutschland gewirkt hat. Das Singen tut nicht nur gut, es hilft auch, den Schmerz zu heilen, den politische Zustände auslösen können. Während ich fühle, wie mein Herz langsam leichter wird, denke ich daran, was ich bei den Recherchen zu diesem Buch über synchrones Handeln gelernt habe. Zu meiner eigenen Überraschung bin ich nicht weniger berührt von der Situation, jetzt, da ich weiß, dass mein Körper gar nicht anders kann, als positiv auf Momente wie diese zu reagieren. Im Gegenteil: Seit ich weiß, was dabei in meinem Körper passiert, welche Hormone ausgeschüttet werden und inwiefern diese mir helfen, besser durch den Alltag zu kommen, sauge ich solche Augenblicke noch mehr auf. Suche noch mehr nach ihnen.

In Anlehnung an Brené Browns Tipp, nach Belegen dafür Ausschau zu halten, dass wir dazugehören (Kapitel fünf), können wir auch nach Orten Ausschau halten, an denen Verbundenheit und Gemeinschaft bereits existieren – und nach Gelegenheiten, um mehr dieser Orte zu bilden.

Denn genauso, wie wir selbst dafür verantwortlich sind, etwas gegen unsere Einsamkeit zu tun – unabhängig von der Frage, was oder wer sie verursacht hat, haben wir die Verantwortung, etwas an ihr zu ändern –, ist es auch gesellschaftlich. Wir sind vielleicht nicht die Ursache dafür, dass viele Dinge schieflaufen, aber wir haben trotzdem die Verantwortung, aufzustehen und aktiv zu werden, wenn wir eines Tages in einer Zukunft aufwachen wollen, die sich verbundener, stabiler und lebensliebender anfühlt als unsere Welt heute.

Und genau das ist mein Wunsch: dass Sie, liebe Leser*innen, das, was Sie in diesem Buch für sich gefunden haben, mitnehmen und weitertragen. Nicht nur in Ihrem Herz und in Ihrem Kopf, sondern in Ihren Alltag. Mein Wunsch ist, dass Sie ab heute – ab jetzt! – nach Gelegenheiten Ausschau halten, sich mit anderen zu verbinden, wissend, dass Sie damit nicht nur sich selbst und Ihren Mitmenschen, sondern auch unserer Gesellschaft, unserer Demokratie und allem freiheitlichen Leben um uns herum etwas Gutes tun. Wenn Sie ähnlich ticken wie ich, wird dieser Umschwung in Ihrem Leben recht schnell für Veränderung sorgen. Auf gesellschaftlicher Ebene mag es vielleicht noch etwas dauern. Positive Entwicklungen brauchen Zeit. Leben wir Schritt für Schritt einer neuen Zukunft entgegen!

Bis Rechtsextremismus in Deutschland Vergangenheit sein wird, braucht es vermutlich noch eine ganze Weile. Aber die Proteste haben angefangen zu wirken. Die AfD hat deutlich an Prozentpunkten verloren. Eine Petition, die fordert, Björn Höcke, dem faschistischen Vorsitzenden der AfD-Fraktion in Thüringen, die Grundrechte zu entziehen, sodass er nicht mehr gewählt werden dürfte, hat so viele Unterschriften versammelt wie noch keine andere Petition in Deutschland. Zeitungen drucken Protest-Plakate zum Ausschneiden, und sogar Uli Hoeneß, nicht gerade bekannt für politische Stellungnahmen, hat sich öffentlich gegen die AfD ausgesprochen, und die Menschen im Stadion haben ihm dafür zugejubelt. Wenn dieses Buch erschienen ist, werden mehrere Bundesländer bereits ihre Wahlen hinter sich haben. Ich hoffe – inständig –, dass die AfD nicht die Prozentpunkte erreicht haben wird, die wir momentan befürchten.

So oder so: Denken wir daran, dass unser Handeln Zeit braucht. Dass unsere Bemühungen trotzdem nicht vergebens sind, wenn wir das, was wir uns vorgenommen haben, nicht auf Anhieb erreichen. Entscheidend ist, dass wir überhaupt losgegangen sind. Entscheidend ist, dass wir nicht stehen bleiben. Dass wir nicht aufgeben und weiter schützen, was uns wichtig ist. Dass wir zusammenhalten.

~

DANK

Dieses Buch ist entstanden in den Monaten, bevor und nachdem ich unser Kind geboren habe. Ein Stück weit habe ich es also auch für mich geschrieben: Auf der Suche nach einem Kompass dafür, was wir unserem Kind vorleben können, habe ich Bücher verschlungen, Fragen gestellt, zugehört, Gedanken immer wieder hin und her gedreht – so lange, bis sie an einem für mich stimmigen Ort landeten.

Irgendwann habe ich dabei diesen Satz gelesen: Wir haben die Erde nicht von unseren Eltern geerbt, wir haben sie von unseren Kindern geliehen.

Ich danke allen, die diese uns geliehene Welt hegen und pflegen. Die sie schöner machen wollen, liebevoller, zarter, verwundbarer, mutiger, lustiger, leuchtender – auf welche Art auch immer.

Wenn Y eine neue Person trifft, unterwegs im Zug zum Beispiel, lacht er mit großen Augen und wartet gespannt, wie sein Gegenüber reagiert. Mir scheint, er hat auf meine Frage – was es braucht, um gut durchs Leben zu kommen – schon eine erste Antwort gefunden. Vertrauen braucht es. Ins Leben, die Welt, in uns.

~

LITERATUR

Bessel van der Kolk, *Das Trauma in dir.* Wie der Körper den Schrecken festhält und wie wir heilen können, Ullstein, 2023

Brené Brown, Entdecke deine innere Stärke, Wahre Heimat in dir selbst und Verbundenheit mit anderen finden, Kailash, 2018

Charles Vogl, The Art of Community, Seven Principles for Belonging, Berrett-Koehler Publishers, 2016

Chip Heath, Dan Heath, The Power of Moments, Why Certain Experiences Have Extraordinary Impact, Bantam Press, 2017

Elif Shafak, Hört einander zu!, Kein & Aber, 2021

George Monbiot, Out of the Wreckage. A New Politics for an Age of Crisis, Verso, 2017

Jenny Odell, Nichtstun. Die Kunst, sich der Aufmerksamkeitsökonomie zu entziehen, C.H.Beck, 2021

Lars Svendsen, Philosophie der Einsamkeit, Berlin University Press, 2016

Luisa Neubauer, Dagmar Reemtsma, Gegen die Ohnmacht, Meine Großmutter, die Politik und ich, Tropen, 2023

Marina Sitrin, Colectiva Sembrar, Pandemic Solidarity. Mutual Aid during the Covid-19 Crisis, Pluto Press, 2020

Marissa King, Social Chemistry. Decoding the Patterns of Human Connection, Hodder & Stoughton, 2021

Mia Birdsong, How We Show Up. Reclaiming Family, Friendship, and Community, Hachette Go, 2020

Michelle Cassandra Johnson, We Heal Together. Rituals and Practices for Building Community and Connection, Shambhala, 2023

Noreena Hertz, Das Zeitalter der Einsamkeit. Über die Kraft der Verbindung in einer zerfaserten Welt, Harper Collins, 2021

Radha Agrawal, Belong. Find Your People, Create Community, and Live a More Connected Life, Workman Publishing Company, 2018

Rebecca Solnit, Hope in the Dark. Untold Histories, Wild Possibilities, Canongate Books, 2010

Rebecca Solnit, Whose Story is it? Old Conflicts, New Chapters, Haymarket Books, 2019

Robert Waldinger, Marc Schulz, The Good Life … und wie es gelingen kann: Erkenntnisse aus der weltweit längsten Studie über ein erfülltes Leben, Kösel, 2023

Steve J. Martin, Noah J. Goldstein, Robert B. Cialdini, The Small Big. Small Changes that Spark Influence, Profile Books, 2014

Spike Carlson, Walk around the block. Stoplight Secrets, Mischievous Squirrels, Manhole Mysteries & Other Stuff You See Every Day, HarperOne, 2020

Susan Pinker, The Village Effect. Why Face-to-face Contact Matters, Atlantic Books, 2015

Vivek H. Murthy, Together. Loneliness, Health and What Happens When We Find Connection, Profile Books Ltd., 2020

QUELLEN

1 www.deutsche-depressionshilfe.de/forschungszentrum/deutschland barometer depression
2 www.zeit.de/news/2023-12/22/telefonseelsorge-in-krisenzeit-gut-eine-million-kontakte,
3 www.tagesschau.de/inland/gesellschaft/einsamkeit-121.html
4 Radha Agrawal, Belong, XIII, eigene Übersetzung
5 ebd. S. 210, eigene Übersetzung
6 Brené Brown, Entdecke deine innere Stärke. S. 55
7 ebd. S. 41
8 https://news.harvard.edu/gazette/story/2017/04/over-nearly-80-years-harvard-study-has-been-showing-how-to-live-a-healthy-and-happy-life/
9 Robert Waldinger, Marc Schulz, The Good Life … und wie es gelingen kann, S. 342
10 ebd. S. 341
11 Vivek H. Murthy, Together, XXI, eigene Übersetzung
12 https://kompetenznetz-einsamkeit.de/publikationen/kne-expertisen/kne-forschung-01, S. 26/27
13 Radha Agrawal, Belong, S. 16, eigene Übersetzung
14 www.apotheken-umschau.de/familie/entwicklung/neugeborenes/diese-erstaunlichen-reflexe-haben-babys-793299.html
15 www.newyorker.com/magazine/2016/05/16/what-the-science-of-touch-says-about-us#:~:text=%E2%80%9CTouch%20is%20the%20first%20system,basis%20for%20embodiment%20in%20feeling.%E2%80%9D, eigene Übersetzung

16 Robert Waldinger, Marc Schulz, The Good Life … und wie es gelingen kann, S. 46
17 www.betterhealth.vic.gov.au/health/healthyliving/child-development-3-six-to-nine-months
18 Felix Warneken and Michael Tomasello, »Helping and Cooperating at 14 months of Age«, Infancy, 11:3 (May 2007), onlinelibrary.wiley.com
19 Federico Rossano, Hannes Rakoczy und Michael Tomasello, »Young Children's Understanding of Violations of Property Rights«, Cognition 121:3 (November 2011), sciencedirect.com
20 Susan Pinker, The Village Effect, S. 8, eigene Übersetzung
21 https://idw-online.de/de/news?print=1&id=754542
22 https://norwegianscitechnews.com/2021/10/pandemic-has-people-hungering-to-be-touched/
23 www.wissenschaft.de/gesellschaft-psychologie/babys-mit-mama-im-neuronalen-gleichtakt/#:~:text=Synchronisierte%20Gehirnaktivit%C3%A4t&text=Denn%20bekannt%20ist%3A%20Wenn%20sich,auch%20in%20Schulklassen%20zu%20beobachten.
24 Lars Svendsen, Philosophie der Einsamkeit, Pos. 80
25 ebd. Pos. 334
26 ebd. Pos. 303
27 Robert Waldinger, Marc Schulz, The Good Life … und wie es gelingen kann, S. 47
28 Radha Agrawal, Belong, S. 17, eigene Übersetzung
29 www.wissenschaft.de/gesellschaft-psychologie/babys-mit-mama-im-neuronalen-gleichtakt/#:~:text=Synchronisierte%20Gehirnaktivit%C3%A4t&text=Denn%20bekannt%20ist%3A%20Wenn%20sich,auch%20in%20Schulklassen%20zu%20beobachten.
30 Susan Pinker, The Village Effect, S. 21
31 ebd. S. 9
32 https://norwegianscitechnews.com/2021/10/pandemic-has-people-hungering-to-be-touched/
33 Susan Pinker, The Village Effect, S. 29, eigene Übersetzung
34 Robert Waldinger, Marc Schulz, The Good Life … und wie es gelingen kann, S. 45
35 https://news.uchicago.edu/story/qa-prof-john-cacioppo-examines-profound-power-loneliness
36 Brené Brown, Entdecke deine innere Stärke, S. 65
37 Radha Agrawal, Belong, S. 11, eigene Übersetzung

38 C.S. Lewis, The Four Loves, S. 12, eigene Übersetzung
39 Lars Svendsen, Philosophe der Einsamkeit, Pos. 55
40 Brené Brown, Entdecke deine innere Stärke, S. 176
41 Robert Waldinger, Marc Schulz, The Good Life … und wie es gelingen kann, S. 45
42 Steve J. Martin, Noah J. Goldstein, Robert B. Cialdini, The Small Big, S. 13
43 ebd. S. 11
44 ebd. S. 12
45 https://kompetenznetz-einsamkeit.de/publikationen/kne-expertisen/kne-forschung-01, Pilotbericht S. 26/27
46 www.progressives-zentrum.org/wp-content/uploads/2023/02/Kollekt_Studie_Extrem_Einsam_Das-Progressive-Zentrum.pdf, S. 4
47 ebd. S. 25
48 ebd. 8; 26
49 ebd. 8
50 ebd. S. 23
51 ebd. S. 25
52 ebd. S. 67
53 ebd. S. 12
54 https://youtu.be/L6dvtMjnIMw
55 www.frontiersin.org/articles/10.3389/fpsyg.2013.00334/full
56 www.ardmediathek.de/video/hamburg-journal/chor-von-hamburg-singt-in-der-laeiszhalle/ndr/Y3JpZDovL25kci5kZS8wYWRlYzNkYS00ZGFlLTQ4ZWMtOWZmNS0wOWY2NzA4MTY5YjQ
57 Bessel van der Kolk, Das Trauma in dir, S. 131
58 www.besselvanderkolk.com/resources/the-body-keeps-the-score
59 www.researchgate.net/publication/321177904_The_interpersonal_phase_entrainment_of_rocking_chair_movements
60 www.scientificamerican.com/article/moving-in-sync-creates-surprising-social-bonds-among-people/
61 https://research.birmingham.ac.uk/en/publications/volunteer-motivation-and-retention-of-older-peer-walk-leaders-a-4
62 https://theproperblokesclub.co.uk/testimonials/, eigene Übersetzung
63 www.sueddeutsche.de/projekte/artikel/muenchen/muenchen-spaziergang-clare-carrington-englischer-garten-isar-frauen-einsamkeit-e096778/?reduced=true
64 www.atlantis-press.com/proceedings/iccessh-22/125979020

65 Marina Sitrin, Colectiva Sembrar, Pandemic Solidarity, S. 56, eigene Übersetzung

66 www.england.nhs.uk/personalisedcare/social-prescribing/#:~:text=Social%20prescribing%20is%20a%20key,affect%20their%20health%20and%20wellbeing.

67 https://socialprescribingacademy.org.uk/media/4lbdy5ip/social-prescribing-around-the-world.pdf

68 www.monitor-versorgungsforschung.de/wp-content/uploads/2023/05/MVF0323_Hermann.pdf

69 www.theatlantic.com/video/index/607678/disconnected/

70 ebd.

71 www.bundestag.de/resource/blob/833538/3db278c99cb6df3362456fefbb6d84aa/19-13-135dneu-data.pdf, S. 8 – Stellungnahme Dr. Susanne Bücker

72 www.ardalpha.de/wissen/psychologie/was-tun-gegen-einsamkeit-ueberwinden-symptome-tipps-strategien-einsam-jugendliche-112.html

73 my.scc.kit.edu

74 www.bmfsfj.de/resource/blob/227690/ac87bde622d159bfe1e188dc7e10a9dc/joint-statement-japan-deu-data.pdfwww.bmfsfj.de/resource/blob/227690/ac87bde622d159bfe1e188dc7e10a9dc/joint-statement-japan-deu-data.pdf

75 www.bmfsfj.de/bmfsfj/service/publikationen/strategie-der-bundesregierung-gegen-einsamkeit-234582

76 www.progressives-zentrum.org/wp-content/uploads/2023/02/Kollekt_Studie_Extrem_Einsam_Das-Progressive-Zentrum.pdf, S. 11

77 ebd.

78 www.bmfsfj.de/resource/blob/234584/9c0557454d1156026525fe67061e292e/2023-strategie-gegen-einsamkeit-data.pdf, S. 5

79 Lars Svendsen, Philosophie der Einsamkeit, Pos. 2226

80 Noreena Hertz, Das Zeitalter der Einsamkeit, S. 18

81 ebd. S. 19

82 www.ncbi.nlm.nih.gov/pmc/articles/PMC9518421/

83 Lars Svendsen, Philosophie der Einsamkeit, Pos. 80

84 https://kompetenznetz-einsamkeit.de/publikationen/kne-expertisen/kne-forschung-01, S. 12

85 www.bmfsfj.de/bmfsfj/themen/engagement-und-gesellschaft/strategie-gegen-einsamkeit-201642

86 www.therapie.de/psyche/info/test/depressionen/einsamkeit/

87 Robert Waldinger, Marc Schulz, The Good Life … und wie es gelingen kann, S. 129
88 ebd. S. 130
89 Lars Svendsen, Philosophie der Einsamkeit, Pos. 2314
90 www.bmfsfj.de/resource/blob/234584/9c0557454d1156026525fe670 61e292e/2023-strategie-gegen-einsamkeit-data.pdf, S. 4
91 ebd.
92 www.land.nrw/pressemitteilung/jeder-fuenfte-jugendliche-nordrhein-westfalen-ist-stark-einsam-landesregierung
93 www.progressives-zentrum.org/wp-content/uploads/2023/02/Kollekt_Studie_Extrem_Einsam_Das-Progressive-Zentrum.pdf, S. 4
94 ebd. S. 63
95 ebd. S. 15
96 ebd. S. 66
97 ebd. S. 63
98 ebd. S. 64
99 ebd. S. 5
100 Ebd.
101 ebd. S. 65
102 Elif Shafak, Hört einander zu!, S. 62
103 Rebecca Solnit, Whose Story is it? S. 149, eigene Übersetzung
104 https://kompetenznetz-einsamkeit.de/publikationen/kne-expertisen/kne-forschung-01, S. 11
105 ebd. S. 8
106 www.mzes.uni-mannheim.de/d7/en/publications/journal-article/in-a-lonely-place-investigating-regional-differences-in-loneliness
107 www.bmfsfj.de/resource/blob/234584/9c0557454d1156026525fe670 61e292e/2023-strategie-gegen-einsamkeit-data.pdf, S. 5
108 www.progressives-zentrum.org/wp-content/uploads/2023/02/Kollekt_Studie_Extrem_Einsam_Das-Progressive-Zentrum.pdf, S. 12
109 https://docs.google.com/document/d/16L-lWDiXb407RsH9-mmvZPPsILGKH3nucdChyn6aGcY/edit, S. 5
110 Jenny Odell, Nichtstun, S. 42
111 www.bluezones.com/2024/01/the-importance-of-third-spaces-amidst-americas-social-isolation-epidemic/
112 https://kompetenznetz-einsamkeit.de/publikationen/kne-expertisen/kne-forschung-01, S. 12 f.
113 Robert Waldinger, Marc Schulz, The Good Life … und wie es gelingen kann S. 71
114 ebd.

115 ebd. S. 341
116 ebd. S. 343
117 Susan Pinker, The Village Effect, S. 21 f.
118 ebd. S. 32, eigene Übersetzung
119 ebd. S. 30, eigene Übersetzung
120 ebd. S. 36f., eigene Übersetzung
121 https://theconversation.com/recovering-from-disasters-social-networks-matter-more-than-bottled-water-and-batteries-69611, eigene Übersetzung
122 ebd., eigene Übersetzung
123 https://utopia.de/ratgeber/blue-zones-das-geheimnis-eines-langen-lebens/
124 www.ted.com/talks/julianne_holt_lunstad_is_social_disconnection_comparable_to_smoking
125 Robert Waldinger, Marc Schulz, The Good Life … und wie es gelingen kann, S. 22
126 ebd.
127 www.lifespanresearch.org/harvard-study/
128 Robert Waldinger, Marc Schulz, The Good Life … und wie es gelingen kann, S. 29
129 ebd. S. 13
130 www.lifespanresearch.org/harvard-study/
131 Robert Waldinger, Marc Schulz, The Good Life … und wie es gelingen kann, S. 83
132 ebd. S. 29
133 ebd. S. 45
134 ebd. S. 189
135 ebd. S. 157
136 Steve J. Martin, Noah J. Goldstein, Robert B. Cialdini, The Small Big, S. 43
137 ebd. S. 44
138 Robert Waldinger, Marc Schulz, The Good Life … und wie es kann, S. 156
139 ebd. S. 156
140 Marissa King, Social Chemistry, S. 205
141 Robert Waldinger, Marc Schulz, The Good Life … und wie es kann, S. 156
142 ebd. S. 239
143 ebd. S. 156

144 www.chicagobooth.edu/media-relations-and-communications/press-releases/mom-was-wrong-you-should-talk-to-strangers
145 https://journals.sagepub.com/doi/10.1177/1948550613502990
146 Robert Waldinger, Marc Schulz, The Good Life … und wie es gelingen kann, S. 157
147 ebd. S. 39
148 ebd. S. 38
149 ebd. S. 38
150 ebd. S. 360
151 ebd. S. 361
152 ebd. S. 236
153 Jenny Odell, Nichtstun, S. 54
154 www.newyorker.com/magazine/2017/06/05/toni-morrison-the-work-you-do-the-person-you-are, eigene Übersetzung
155 https://krankenhausberater.de/wp-content/uploads/sites/2/2021/09/LK-10-Studie-1970-GoodSmaritan.pdf Darley, John M. | Batson, C. Daniel (1973): From Jerusalem to Jericho: A study of situational and dispositional variables in helping behavior. Journal of Personality and Social Psychology, 27, S. 100–108., S. 107, eigene Übersetzung
156 Radha Agrawal, Belong, S. 6, eigene Übersetzung
157 Marissa King, Social Chemistry, S. 240, eigene Übersetzung
158 Jenny Odell, Nichtstun, S. 147
159 ebd. S. 9f.
160 www.wiwi.uni-muenster.de/fakultaet/de/news/4387 und www.tagesschau.de/wirtschaft/weltwirtschaft/vier-tage-woche-grossbritannien-101.html
161 www.boeckler.de/de/pressemitteilungen-2675-rund-81-prozent-der-vollzeitbeschaftigten-wollen-vier-tage-woche-49242.htm
162 www.ipsos.com/de-de/jeder-zweite-deutsche-fuhlt-sich-gestresst-und-traurig
163 Marina Sitrin, ColectivaSembrar, Pandemic Solidarity, S. 171, eigene Übersetzung
164 www.wsi.de/de/pressemitteilungen-15991-rund-81-prozent-der-vollzeitbeschaftigten-wollen-vier-tage-woche-49242.htm
165 Robert Waldinger, Marc Schulz, The Good Life … und wie es gelingen kann, S. 329
166 ebd. S. 331f.

167 Steve J. Martin, Noah J. Goldstein, Robert B. Cialdini, The Small Big, S. 39 f.
168 Marissa King, Social Chemistry, S. 267, eigene Übersetzung
169 Robert Waldinger, Marc Schulz, The Good Life … und wie es gelingen kann, S. 317
170 Jenny Odell, Nichtstun, S. 101
171 www.ncbi.nlm.nih.gov/pmc/articles/PMC7364393/, eigene Übersetzung
172 www.zeit.de/news/2023-06/27/jugendliche-surfen-63-7-stunden-pro-woche-im-netz
173 Radha Agrawal, Belong, S. 183, eigene Übersetzung
174 www.sciencedirect.com/science/article/abs/pii/S0747563218304643
175 www.sciencedirect.com/science/article/abs/pii/S0022103117301737
176 www.bps.org.uk/research-digest/iphone-effect-when-mobile-devices-intrude-our-face-face-encounters
177 www.sciencedirect.com/science/article/abs/pii/S0747563215300704
178 https://journalistsresource.org/media/iphone-effect-social-interaction-quality-mobile-device-presence/, eigene Übersetzung
179 Radha Agrawal, Belong, S. 211, eigene Übersetzung
180 ebd. S. 74, eigene Übersetzung
181 Noreena Hertz, Das Zeitalter der Einsamkeit, S. 148
182 ebd. S. 149f.
183 ebd. S. 150
184 ebd. S. 154f.
185 ebd. S. 148
186 www.minimalistphone.com/
187 Laura Portwood-Stacer, »Media refusal and conspicuous nonconsumption: the performative and political dimension of the Facebook abstention«; New Media & Society 15, Nr. 7 (Dezember 2012), S. 1054
188 Jenny Odell, Nichtstun, S. 145
189 Robert Waldinger, Marc Schulz, The Good Life … und wie es gelingen kann, S. 181
190 ebd. S. 183
191 Susan Pinker, The Village Effect, S. 28, eigene Übersetzung
192 ebd. S.6
193 ebd. S. 16, eigene Übersetzung
194 Radha Agrawal, Belong, S. 96, eigene Übersetzung
195 Marissa King, Social Chemistry, S. 15, eigene Übersetzung

196 Robert Waldinger, Marc Schulz, The Good Life … und wie es gelingen kann, S. 57
197 ebd. S. 33
198 Lars Svendsen, Philosophie der Einsamkeit, Pos. 968
199 ebd. Pos. 968
200 Brené Brown, Entdecke deine innere Stärke, S. 174
201 www.bluezones.com/2019/04/how-our-sidewalks-cars-trees-and-streets-affect-our-heart-health/
202 Susan Pinker, The Village Effect, S. 43, eigene Übersetzung
203 ebd., eigene Übersetzung
204 Spike Carlson, Walk around the block, S. 8
205 www.bluezones.com/2024/01/the-importance-of-third-spaces-amidst-americas-social-isolation-epidemic/, eigene Übersetzung
206 ebd., eigene Übersetzung
207 https://eyeonhousing.org/2018/09/nearly-90-percent-of-new-homes-have-porches-in-four-southern-states/
208 https://ggia.berkeley.edu/practice/36_questions_for_increasing_closeness
209 www.sciencedirect.com/science/article/abs/pii/S0360131518301155?via%3Dihub
210 https://ggia.berkeley.edu/practice/36_questions_for_increasing_closeness
211 ebd.
212 Lars Svendsen, Philosophie der Einsamkeit, Pos. 2254
213 Robert Waldinger, Marc Schulz, The Good Life … und wie es gelingen kann, S. 145
214 Marissa King, Social Chemistry, S. 215, eigene Übersetzung
215 Radha Agrawal, Belong S. 3, eigene Übersetzung
216 ebd. S. 7, eigene Übersetzung
217 ebd. S. 58f., eigene Übersetzung
218 ebd. S. 78, eigene Übersetzung
219 ebd. S. 191
220 Chip Heath, Dan Heath, The Power of Moments, S. 39, eigene Übersetzung
221 Radha Agrawal, Belong, S. 103
222 ebd. S. 107, eigene Übersetzung
223 ebd. S. 105–108
224 ebd. S. 124f.
225 ebd. S. 99, eigene Übersetzung
226 Lars Svendsen, Philosophie der Einsamkeit, Pos. 80

227 Radha Agrawal, Belong, S. 186, eigene Übersetzung
228 ebd, S. 188, eigene Übersetzung
229 ebd. S. 189, eigene Übersetzung
230 ebd. S. 193
231 ebd. S. 179
232 ebd. S. 180, eigene Übersetzung
233 Brené Brown, Braving the Wilderness, S. 81
234 Brené Brown, Entdecke deine innere Stärke, S. 81
235 Brené Brown, Braving the Wilderness, S. 67
236 Brené Brown, Entdecke deine innere Stärke, S. 70
237 ebd. S. 92
238 Radha Agrawal, Belong S. 57, eigene Übersetzung
239 ebd. S. 17, eigene Übersetzung
240 Charles Vogl, The Art of Community, S. 26, eigene Übersetzung
Michelle Cassandra Johnson, We Heal Together, S. 25, eigene Übersetzung
241 ebd. S. 45, eigene Übersetzung
242 Rebecca Solnit, Hope in the Dark, Pos. 159, eigene Übersetzung
243 Michelle Cassandra Johnson, We Heal Together, S. 193, eigene Übersetzung
244 www.charlesvogl.com/
245 Charles Vogl, The Art of Community, S. 5, eigene Übersetzung
246 ebd. S. 9
247 ebd. S. 13, eigene Übersetzung
248 ebd. S. 22f.
249 ebd. S. 49, eigene Übersetzung
250 Radha Agrawal, Belong, S. 142, eigene Übersetzung
251 Charles Vogl, The Art of Community, S. 65
252 ebd. S. 67
253 ebd, S. 84
254 ebd. S. 84
255 Charles Vogl, The Art of Community, Vorwort, S. XV, eigene Übersetzung
256 Radha Agrawal, Belong, S. 190
257 www.charlesvogl.com/my-story, eigene Übersetzung
258 ebd., eigene Übersetzung
259 Mia Birdsong, How We Show Up, S. 149, eigene Übersetzung
260 Lars Svendsen, Philosophie der Einsamkeit, Pos. 2404
261 Brené Brown, Entdecke deine innere Stärke, S. 45
262 Michelle Cassandra Johnson, We Heal Together, S. 132

263 Brené Brown, Entdecke deine innere Stärke, S. 160
264 ebd. S. 141
265 ebd. S. 160
266 ebd. S. 172
267 Michelle Cassandra Johnson, We Heal Together, S. 124, eigene Übersetzung
268 ebd., S. 125, eigene Übersetzung
269 Brené Brown, Entdecke deine innere Stärke, S. 174
270 ebd. S. 160
271 Michelle Cassandra Johnson, We Heal Together, S. 134, eigene Übersetzung
272 https://ggia.berkeley.edu/practice/practice_as_pdf/gratitude_letter
273 www.tk.de/techniker/magazin/life-balance/wohlbefinden/dankbarkeit-2053330?tkcm=aaus
274 Michelle Cassandra Johnson, We Heal Together, S. 133
275 Brené Brown, Entdecke deine innere Stärke, S. 38
276 Lars Svendsen, Philosophie der Einsamkeit, Pos. 2404
277 Chip Heath, Dan Heath, The Power of Moments, S. 215 f., eigene Übersetzung
278 Mia Birdsong, How We Show Up, S. 21, eigene Übersetzung
279 ebd. S. 22
280 Chip Heath, Dan Heath, The Power of Moments, S. 222, eigene Übersetzung
281 Rebecca Solnit, Whose Story is it? S. 145, eigene Übersetzung
282 Chip Heath, Dan Heath, The Power of Moments, S. 220, eigene Übersetzung
283 Chip Heath, Dan Heath, The Power of Moments, S. 222, eigene Übersetzung
284 Brené Brown, Entdecke deine innere Stärke, S. 150
285 George Monbiot, Out of the Wreckage, S. 19, eigene Übersetzung
286 Ronja von Wurmb-Seibel, Wie wir die Welt sehen, S. 48
287 Rebecca Solnit, Whose Story is it? S. 149, eigene Übersetzung
288 Rebecca Solnit, Whose Story is it? S. 149, eigene Übersetzung
289 Luisa Neubauer, Gegen die Ohnmacht, S. 71 f.
290 https://library.fes.de/pdf-files/pbud/19258.pdf, S. 3
291 ebd. S. 20
292 ebd. S. 33
293 Marissa King, Social Chemistry, S. 106, eigene Übersetzung

294 www.nytimes.com/2004/05/22/arts/think-tank-where-to-get-a-good-idea-steal-it-outside-your-group.html, eigene Übersetzung

295 Marissa King, Social Chemistry, S. 52

296 Radha Agrawal, Belong, S. 214, eigene Übersetzung

297 Mia Birdsong, How We Show Up, S. 45

298 Chip Heath, Dan Heath, The Power of Moments, S. 192 f.

299 www.spiegel.de/panorama/gesellschaft/demos-gegen-rechts-bundesweite-proteste-gegen-rechtsextremismus-und-die-afd-a-51470834-c106-471a-ab58-3bcc0b17d4bd

300 https://jung-naiv.podigee.io/934-afd-experte-andreas-kemper-uber-die-entwicklung-der-partei-den-rechtsruck-faschismus-geheimtreffen-remigration-rechtsextremismus-hocke

301 George Monbiot, Out of the Wreckage, S. 75